A LUTA CONTRA O TERRORISMO

OS ESTADOS UNIDOS E OS AMIGOS TALIBÃS

REGINALDO NASSER

REGINALDO NASSER

A LUTA CONTRA O TERRORISMO
Os Estados Unidos e os amigos talibãs

SÃO PAULO
2021

Copyright © EDITORA CONTRACORRENTE
Alameda Itu, 852 | 1º andar |
CEP 01421 002
www.loja-editoracontracorrente.com.br
contato@editoracontracorrente.com.br

EDITORES
Camila Almeida Janela Valim
Gustavo Marinho de Carvalho
Rafael Valim

EQUIPE EDITORIAL
Coordenação de projeto: Juliana Daglio
Revisão: Marcelo Madeira
Revisão técnica: João Machado
Diagramação: Pablo Madeira
Capa: Maikon Nery

EQUIPE DE APOIO
Fabiana Celli
Carla Vasconcellos
Fernando Pereira
Lais do Vale
Valéria Pucci
Regina Gomes

Dados Internacionais de Catalogação na Publicação (CIP)
(Câmara Brasileira do Livro, SP, Brasil)

Nasser, Reginaldo
  A luta contra o terrorismo: os Estados Unidos e os amigos talibãs
/ Reginaldo Nasser. -- São Paulo : Editora Contracorrente, 2021.
  ISBN 978-65-88470-88-6
  1. Estados Unidos - Aspectos políticos 2. Estados Unidos -
Civilização - Século XXI 3. Relações internacionais 4. Terrorismo
I. Título.

21-78340   CDD-327.73

Índices para catálogo sistemático:
1. Estados Unidos : Política internacional 327.73
Aline Graziele Benitez - Bibliotecária - CRB-1/3129

@ @editoracontracorrente
f Editora Contracorrente
🐦 @ContraEditora

SUMÁRIO

NOTA DO AUTOR 12

INTRODUÇÃO 14

CAPÍTULO I - AFEGANISTÃO: O
NASCIMENTO DO JIHADISMO GLOBAL 26

1.1 – Introdução 27

1.2 – Zawahiri, o ideólogo da jihad global 33

1.3 – Osama bin Laden, o líder da jihad global 37

1.4 – Mulá Omar, o herdeiro do Profeta 45

1.5 – Uma nova modalidade de atentados terroristas 52

1.6 – A esperança no retorno da Umma 57

CAPÍTULO II - O IMPÉRIO SOB ATAQUE 62

2.1 – Introdução 63

2.2 – A teoria do mosaico e os combatentes inimigos
ilegais 65

2.3 – A reação aos atentados 71

2.4 – As teorias conspiratórias 74

2.5 – Quem eram os terroristas? 77

2.6 – Uma nova guerra contra um novo inimigo 82

2.7 – Um novo terrorismo? 86

2.8 – Os inimigos internos: o estranho caso do antraz 97

2.9 – Paquistão: amigo de ocasião 99

CAPÍTULO III – A OCUPAÇÃO DO AFEGANISTÃO: COMEÇA A GUERRA CONTRA O TERRORISMO 102

3.1 – Introdução 103

3.2 – A guerra contra o Talibã 107

3.3 – A "pegada leve": de olho no Iraque 113

3.4 – É possível reconstruir nações? 116

3.6 – O triunfal retorno dos senhores da guerra 130

3.7 – O xadrez geopolítico na região 137

CAPÍTULO IV – O RENASCIMENTO DO TALIBÃ 142

4.1 – Introdução 143

4.2 – Um desafio chamado Paquistão 147

4.3 – A economia política da violência 152

4.4 – A terceirização da reconstrução 157

4.5 – Quetta Shura: uma "invenção" talibã 161

4.6 – Sete anos depois: o Afeganistão ainda é uma ameaça 172

CAPÍTULO V – AFEGANISTÃO: A "GUERRA BOA" DE OBAMA 179

5.1 – Introdução 180

5.2 – Obama autoriza "The Surge" 185

5.3 – A reconstituição do "exército" talibã 194

5.4 – A redefinição estratégica de Obama 198

CAPÍTULO VI - OBAMA SE RENDE AO TALIBÃ 205

6.1 – Introdução 206

6.2 – A batalha de Kunduz: virada na guerra 208

6.3 – A mudança tática dos EUA 212

6.4 – O plano de retirada 214

6.5 – O projeto político do Presidente Ashraf Ghani 217

CAPÍTULO VII - TRUMP E OS "AMIGOS" TALIBÃS 222

7.1 – Introdução 223

7.2 – Negociar com o inimigo 226

7.3 – A reestruturação das forças afegãs e as questões étnicas 229

7.4 – O ISIS entra em cena 232

7.5 – O Talibã sob nova liderança e o fantasma da guerra civil 235

7.6 – As conversações sobre um acordo de paz e a geopolítica regional 239

7.7 – A "retirada responsável" de Trump 244

CONSIDERAÇÕES FINAIS 250
REFERÊNCIAS BIBLIOGRÁFICAS 262

Não cessaremos nunca de explorar

E o fim de toda nossa exploração

Será chegar ao ponto de partida

E o lugar reconhecer ainda

Como da vez primeira que o vimos.

T.S. ELIOT

NOTA DO AUTOR

Durante os últimos 20 anos, acumulei uma série de leituras, entrevistas e observações sobre a ocupação do Afeganistão pelas tropas dos EUA e seus aliados. A retirada total, sem nenhuma contrapartida do Talibã, anunciada pelo presidente Joe Biden para 11 de setembro de 2021, convenceu-me da importância de contar a história dessa longa guerra, repleta de personagens e acontecimentos quase sempre ignorados pelos veículos de comunicação. Para concretizar o projeto, procurei o amigo Rafael Valim, grande ativista na publicação de livros, que aceitou prontamente a proposta, apesar do curto espaço de tempo. Assim, o objetivo deste texto é colaborar nos diálogos e debates sobre a mais longa ocupação do século XXI, desencadeada pelos atentados de 11 de setembro. Para além do espetáculo das imagens de medo e terror, seja na Nova York de 2001 ou no aeroporto de Cabul de 2021, há uma história para ser contada, um mundo em transformação que precisa ser compreendido.

Boa leitura.

INTRODUÇÃO

O século XXI se iniciou, efetivamente, com dois novos tipos de conflitos armados: os atentados terroristas do dia 11 de Setembro e a Guerra Global contra o Terrorismo.

Na verdade, não se pode dizer que a "guerra contra o terrorismo" é uma guerra dentro dos padrões históricos e conceituais. Não há nenhum inimigo a conquistar, nenhuma terra a capturar, nenhuma maneira de saber quando a guerra foi ganha ou não, ou muito menos se haverá ou não uma negociação ou um acordo de paz que colocará fim ao conflito.

Por mais terrível que possa ser um ato terrorista, como foram os atentados de 11 de Setembro, ainda assim é uma questão de localizar os perpetradores, seus patrocinadores e levá-los a julgamento. Quando um grupo espalhou gás sarin no metrô de Tóquio, o líder foi preso, levado a julgamento, condenado e sentenciado à morte; quando o ex-fuzileiro naval norte-americano Timothy McVeigh explodiu um edifício na cidade de Oklahoma, causando a morte de centenas de pessoas, ele foi preso, julgado e executado. As consequências humanas decorrentes dos meios empregados no ato não mudam a natureza do próprio ato. Isto é, apesar do número de mortos ultrapassar qualquer outro atentado no passado, igualando-se aos conflitos de baixa intensidade, sua caracterização enquanto ato de terror não se altera, assim como não se deveria mudar a forma de combatê-lo.

O estudioso de guerras John Stoessinger observou de forma perspicaz que, até certo ponto, as relações internacionais são efetivamente o que as pessoas acreditam que elas sejam; ou que sob certas condições os homens reagem não às coisas reais, mas às ficções que eles próprios criaram em torno delas.

Nesse sentido, por vários motivos que abordaremos nas páginas deste livro, aqueles que governavam os EUA resolveram responder aos atos com uma guerra. Claro, tiveram de fazer uma adaptação e a qualificaram de um novo tipo de guerra e que seria global: "Guerra Global contra o Terrorismo".

A guerra foi lançada de improviso, sem que houvesse um conjunto de informações concretas e precisas sobre os perpetradores, os planejadores ou os cúmplices dos atentados. Ao contrário, a guerra começou como uma busca por informações sobre "desconhecidos conhecidos",[1] uma verdadeira caçada para encontrar, capturar e destruir organizações e redes terroristas para evitar futuros ataques. Como na maioria das vezes em que isso aconteceu na história, o uso dos serviços de inteligência sempre foi essencial para encontrar inimigos não convencionais que não usam uniformes nem carregam armas abertamente e, no caso da Al-Qaeda, não controlam o território nem possuem armas de grande porte que poderiam ser descobertas através de vigilância aérea.

As respostas dos EUA ocorreram em torno de três eixos de ação por meio de campanhas simultâneas e interdependentes: (1) uma guerra de coalizão contra o regime do Talibã no Afeganistão; (2) uma ação global contra o terrorismo; e (3) medidas de proteção do território norte-americano. A ação global tomou,

---

1 "Unknown Known" é a expressão usada pelo Secretário de Defesa Donald Rumsfeld e que se tornou tema de livro e de documentário.

INTRODUÇÃO

como ponto de partida, as resoluções do presidente Clinton em 1995, que autorizava as forças policiais e militares dos EUA a usarem a força para capturar suspeitos de atos terroristas no território de quaisquer países considerados não-cooperativos na luta contra o terrorismo.[2] Na verdade, após os atentados do dia 11 de Setembro, os EUA e seus aliados passaram a fazer uso da força militar para capturar ou destruir grupos terroristas não apenas nos Estados considerados suspeitos, mas em todo e qualquer Estado e, principalmente, naqueles considerados falidos ou fragilizados, ou em áreas consideradas sem governo (*ungoverned areas*).

A proposta das reflexões que trago a público neste livro está focada no primeiro eixo citado acima. Isto é, nas ações militares que os EUA empreenderam no Afeganistão com o objetivo de desmantelar as organizações terroristas globais e punir aqueles que haviam protegido ou tolerado a Al-Qaeda. Retomando o conceito de percepção de Stoessinger, é preciso constatar que, embora a percepção possa influenciar as decisões políticas, costuma haver grandes divergências entre a percepção que se tem da realidade e a própria realidade no campo da política mundial, e que o analista e o pesquisador devem observar a integralidade dessas duas dimensões.

Dessa forma, como veremos ao longo do livro, no sentido operacional, a guerra empreendida pelos EUA não se diferenciou em absolutamente nada das anteriores, a não ser a justificativa de se fazer uma guerra, não diferenciando terroristas de quem, supostamente, abriga terroristas. Apesar

---

[2] THE WHITE HOUSE. "Presidential decision directive 39: U.S. Policy on counterterrorism". *Clinton Digital Library*, junho de 1995. Disponível em: https://clinton.presidentiallibraries.us/items/show/12755. Acesso em: 17.09.2021.

de o governo dos EUA reconhecer que o terrorismo era transnacional, com redes que iam além dos territórios nacionais, as ações bélicas se dirigiram aos próprios territórios nacionais: Afeganistão e Iraque.

Escrever este livro permitiu também rememorar minhas percepções daquele momento. No dia 11 de Setembro, eu estava reunido com colegas para elaborar o projeto de criação do programa de pós-graduação em Relações Internacionais, San Tiago Dantas. Recebi um telefonema de uma jornalista que queria comentários sobre o segundo avião que acabava de atingir o World Trade Center, o que, provavelmente, caracterizaria um ato terrorista. Respondi que era preciso esperar mais, pois poderia ter sido acidente. Vinte e cinco minutos depois ela voltou a ligar dizendo que já estava claro que se tratava de uma série de atentados e que dessa vez foi o Pentágono, desliguei imediatamente o telefone. Os colegas perguntaram do que se tratava. Respondi que agora os boatos ultrapassaram todos os limites, imagina atacar o lugar mais seguro do mundo! Os colegas sorriram e voltamos a trabalhar. Depois de uma hora saímos da sala e pudemos notar o que estava acontecendo no mundo.

Os críticos de Bush fizeram circular pelo mundo a forma pela qual ele ficou visivelmente desconcertado, sem saber o que fazer, quando recebeu a notícia dos atentados, enquanto visitava uma escola infantil. Mas, na verdade, essa reação não foi apenas a do presidente dos EUA, mesmo experientes membros dos serviços de inteligência e de segurança no mundo inteiro ficaram estupefatos. Estávamos diante de um evento cuja escala e importância ninguém sabia exatamente como avaliar e o que fazer.

Procurei organizar meu pensamento, tentando encontrar alguma racionalidade no que estava acontecendo, seguindo as

INTRODUÇÃO

orientações do mestre Oliveiros Ferreira que procurava nos acalmar. Quando mencionamos a questão da racionalidade nas ações humanas, é frequente as pessoas associarem essa atitude com concordância ou justificativa. Nada disso, trata-se de tentar compreender, no sentido weberiano, qual o sentido da ação humana, dos objetivos e dos meios utilizados. Em outras palavras, o que a organização que planejou o ato pretendia com isso?

Recorri, então, a um livro escrito pelo historiador John Keegan em que lembra a forma pela qual, Karl von Clausewitz, autor da obra mais importante sobre a guerra, interpretou um acontecimento que foi considerado um dos mais importantes no mundo, no contexto das guerras napoleônicas. Clausewitz recebeu a notícia de que Moscou estava em chamas, um evento com efeito psicológico de grande impacto, para não dizer uma grande surpresa que causou espanto em todos. Clausewitz não estava convencido de que o incêndio fora deliberado, organizado pelos russos com o objetivo de negar a Napoleão o prêmio da vitória. Um ato que seria racional, por parte dos militares russos, pensou ele, era esperar que um dia houvesse circunstâncias favoráveis para retomar suas casas e propriedades.

Napoleão, um grande estrategista, mandou prender e executar os supostos incendiários, pois os vencedores queriam usufruir justamente daquilo que seria o objetivo principal da guerra que é o de exercer domínio sobre o território, as pessoas e os recursos daquele que perdeu. Clausewitz acabou se convencendo de que se tratava de um acidente,

> ... *resultado da desordem e do hábito dos cossacos de primeiro saquear e depois pôr fogo em todas as casas antes que o inimigo pudesse utilizá-las. [...] Foi um dos acontecimentos mais estranhos da história, que um evento que tanto influenciou o*

destino da Rússia pudesse ser como um bastardo nascido de um caso de amor ilícito, sem um pai que o reconhecesse.[3]

Concordando ou não com a explicação de Keegan sobre a atitude dos cossacos e o equívoco da interpretação de Clausewitz, o fato que me chamou a atenção é que havia um sentido, uma racionalidade no ato de atear colocar fogo.

Assim, foi possível que eu pudesse trilhar esse caminho para investigar as motivações, o planejamento e o contexto em que se deu o ato perpetrado pela organização, Al-Qaeda, comandada por Osama bin Laden como veremos no livro.

O desafio seguinte foi decifrar os objetivos e a forma pela qual os EUA reagiram a esses atos. Para me situar na dimensão de decisões de estadistas de grandes potências, recuperei uma observação do ex-secretário de Defesa dos EUA, Mcnamara (1961-1968), quando estava diante de uma situação única na história, momento em que o mundo esteve tão próximo de uma guerra nuclear, a Crise dos Mísseis em Cuba, em 1962. Naqueles dias bastante tensos, recorda McNamara, o presidente Kennedy insistiu que cada membro do Conselho de Segurança Nacional precisava ler o livro *Canhões de Agosto*, de Barbara Tuchman, antes de aconselhar qualquer tipo de decisão a ser tomada. O presidente Kennedy citou ainda um trecho para ilustrar as origens da Primeira Guerra Mundial. Um oficial alemão perguntou: "[c]omo isso aconteceu?" e seu sucessor respondeu: "ah, se soubéssemos". Era a maneira de Kennedy enfatizar o constante perigo de erro de cálculo.

---

3   KEEGAN, John. *Uma História da Guerra*. São Paulo: Companhia das Letras, 2006, p. 26 (grifo nosso).

INTRODUÇÃO

O livro de Tuchman narra, de forma brilhante, como as nações da Europa inadvertidamente se enganaram na Primeira Guerra Mundial. Os imperadores e generais que enviaram seus homens à guerra, em agosto de 1914, previram uma duração em termos de semanas e não de meses ou muito menos de anos. "Você estará em casa antes que as folhas tenham caído das árvores", disse o kaiser alemão a suas tropas no início de agosto; ao mesmo tempo, os membros da guarda imperial do czar se perguntavam se deviam levar seus uniformes de vestuário para sua entrada vitoriosa em Berlim ou se esperariam um emissário. Enfim, poucos previam a catástrofe mundial que estava por vir. Uma ou outra vez, durante o conflito, os chefes de Estado tentaram recuar, mas o ímpeto dos acontecimentos os arrastou para a frente.

Quando um jornalista me perguntou, no dia de 7 de outubro de 2001, momento em que se iniciaram os ataques aéreos norte-americanos no Afeganistão, qual seria a previsão de término dessa guerra, ponderei sobre as reflexões de Barbara Tuchman mencionadas acima. Acrescentei ainda que o Afeganistão era conhecido por ser um "Cemitério de Impérios". Ingleses e russos foram expulsos das terras afegãs depois de longos conflitos. Dois meses depois, o jornalista se gabava de dizer que a tecnologia militar empregada fez com que as minhas observações se tornassem anacrônicas, afinal de contas caiu o regime do Talibã e os membros da Al-Qaeda foram mortos, presos ou expulsos daquele território num curto espaço de tempo. Era o fim do conflito, segundo ele, reproduzindo as agências de notícias internacionais.

Pois bem, além da surpresa, outra questão que sempre nos atormenta é a imprevisibilidade das decisões e como os acontecimentos acabam arrastando até mesmo aqueles que têm o poder de influenciar os acontecimentos, como demonstra Tuchman.

A comemoração da vitória de Bush contra as "forças do mal", dois meses após o início da guerra, durou, na verdade, vinte anos, tornando-se a guerra mais longa da história dos EUA.

Barbara Tuchman, em outro livro que se tornou um clássico, *A Marcha da Insensatez:* de Troia ao Vietnã,[4] pergunta logo no início da obra: "[p]or que quem ocupa altos cargos atua, tão frequentemente, contra os ditames da razão?". A autora narra em detalhes as principais guerras da história e fica indignada com as decisões, segundo ela, irracionais, que levaram à destruição e morte de milhões de pessoas.

Paradoxalmente, o pessimismo da autora, esconde a sua exagerada crença na razão, fora do contexto social, como se houvesse um princípio norteador das ações humanas acima dos interesses de cada grupo ou classe social. "Se a insensatez ou a perversidade é inerente aos indivíduos, como esperar outra coisa do governo?", pergunta Tuchman. Ora, esclarece ela, o que mais preocupa é que a insensatez do governo exerce maior efeito sobre mais pessoas do que as loucuras individuais, e, portanto, o governo tem um maior dever de atuar de acordo com a razão. Qualquer pessoa sensata concorda com as palavras de Tuchman, mas a política se refere a um embate entre razão e loucura? Não há interesses que são racionais para alguns e irracionais para outros? As guerras não beneficiam alguns em detrimento da maioria, assim como as relações econômicas e sociais no capitalismo?

Não seria mais plausível, como propõem muitos teóricos da sociologia, ver essas ações como efeito de ideologias moldadas por conflitos entre grupos sociais decorrentes da vida em sociedade? Ou seja, é preciso considerar que o ator social está

---

4   TUCHMAN, Barbara W. *A marcha da insensatez:* de Troia ao Vietnã. Rio de Janeiro: Best Seller, 2012.

INTRODUÇÃO

situado em algum lugar, e que, portanto, não vê o mundo da mesma maneira de todos os lugares.

Explicar os comportamentos, as atitudes e as crenças de um ator político é tornar evidente as "suas razões", quer a julguemos legítimas ou não, que o levaram a fazer certas escolhas, assim como as consequências que essas escolhas causaram na sociedade.

Nas páginas que se seguem, procurei narrar os eventos que considerei mais importantes para compreender esse longo processo de mais de vinte anos que tem início no contexto político em que se encontrava o Afeganistão na década de 1990 e, provavelmente, deverá se encerrar no dia 11 de setembro de 2021. Novamente, é preciso advertir que é o final de um longo processo histórico para os EUA que vão se retirar do Afeganistão, todavia é, ao mesmo tempo, o inicio de um novo momento para os afegãos. Não se pode olhar para essa verdadeira tragédia colocando unicamente a lente dos EUA, como quer o *mainstream*.

Logo no início da guerra, em outubro de 2001, um poderoso míssil Hellfire foi lançado num suposto lugar onde estaria o líder do Talibã, mulá Omar. Dezenas de afegãos foram mortos, mas o líder talibã não estava entre eles, e ninguém perguntou quem havia sido morto. Esse fato se repetiu centenas de vezes durante esses vinte anos e creio representar bem um padrão de ataques indiscriminados, mesmo com os drones norte-americanos, supostas "armas de precisão", para decapitar o Talibã e a liderança da Al-Qaeda. Em vez disso, essas armas assombravam inocentes aldeões afegãos. Talvez isso reflita, de uma forma geral, não apenas a ação militar propriamente dita, mas uma determinada concepção sobre a humanidade dos afegãos.

Por vezes, já se disse que os números na guerra são frios e permitem esconder os sentimento de dor e tristeza; é verdade, mas também é fato que sem os números corremos o risco de fazer abstrações que podem ser até mais eficazes na dissimulação das crises humanitárias que os conflitos provocam.

Por isso, quero deixar aqui apenas uma estimativa sobre o processo histórico que vamos discorrer. Morreram por volta de 2.488 soldados norte-americanos, com 20.722 feridos. Mais de 65.000 policiais e soldados afegãos foram mortos; pelo menos outros 135.000 foram feridos. As baixas dos talibãs foram provavelmente maiores: cerca de 100.000 mortos e 150.000 feridos. O número de civis afegãos mortos e feridos chega a quase meio milhão. Centenas de milhares de outros afegãos se tornaram refugiados ou deslocados internamente. No auge da guerra em 2015, mais de 1.170.000 pessoas haviam fugido de suas casas. Se acrescentarmos ainda as mortes e as consequências da fome e das doenças, as ações tornam-se repugnantes.

São milhares de personagens, centenas de comunidades e dezenas de instituições estatais envolvidas com diferentes perspectivas sobre os acontecimentos. No entanto, entendo que há certos elementos que ajudam a dar sentido ao todo e nos permitem compreender e situar os atentados terroristas, bem como a guerra contra o terror no contexto das ações e pensamentos daqueles que participaram desse longo processo. Com isso, espero contribuir para a forma pela qual os diversos atores sociais tenham conhecimento desses acontecimentos com objetivo principal de evitar as "guerras sem fim".

CAPÍTULO I

AFEGANISTÃO: O NASCIMENTO DO JIHADISMO GLOBAL

1.1 – Introdução

O movimento jihadista no mundo muçulmano sunita tem suas raízes no Afeganistão, mais especificamente durante os anos de resistência à invasão soviética que teve início em dezembro de 1979. Temendo que os EUA explorassem a instabilidade do Afeganistão, depois do golpe perpetrado pelos comunistas, em abril de 1978, a União Soviética decidiu intervir naquele país em dezembro de 1979. Foram enviados por volta de cem mil soldados soviéticos que ajudaram a estabilizar o regime e a dominar os grandes centros urbanos e estradas, mas surgiram vários focos de resistência de grupos insurgentes no interior afegão.

O presidente do EUA, Jimmy Carter, disse a um grupo de congressistas que se os soviéticos não fossem contidos no Afeganistão, eles "se moveriam de novo e de novo até chegarem a portos de água quente ou até adquirirem o controle de uma grande parte dos suprimentos de petróleo do mundo".[5] Em 3 de julho de 1979, o secretário de Segurança Nacional, Brzezinski, convenceu Carter a iniciar um programa de ajuda secreta com uma modesta quantia de US$ 500.000 para os rebeldes afegãos. A ajuda estava inicialmente limitada a medicamentos, equipamentos de rádio e materiais de propaganda, mas evoluiria gradualmente

---

5 UNITED STATES. *Public papers of the Presidents of the United State:* Jimmy Carter, 1977-1981. Washington: U.S. Government Printing Office, 1981.

para dinheiro e armas, tornando-se nos anos seguintes, com o governo de Ronald Reagan, num amplo programa que custaria bilhões de dólares.

Os insurgentes afegãos podiam contar com um lugar seguro no vizinho Paquistão, no qual o regime militar paquistanês reconheceu sete grupos armados como seus representantes oficiais, conseguindo dessa forma exercer um certo controle sobre as operações de guerrilha, de modo a decidir quem receberia armas além de estabelecer contatos e apoios fornecidos pelos EUA e pela Arábia Saudita. O serviço de inteligência do Paquistão (ISI) treinou os combatentes e coordenou suas operações, a CIA forneceu cerca de US$6 bilhões e ajudou a providenciar remessas de armas. A Arábia Saudita contribuiu com recursos em montantes semelhantes aos dos EUA, além de auxiliar com seus serviços de inteligência. Na época, poucos pensavam que os mujahedin (guerrilheiros afegãos) poderiam derrotar o "invencível" Exército Vermelho. O próprio chefe do escritório da CIA em Cabul previu que as forças soviéticas esmagariam a resistência afegã em menos de seis meses.

O golpe comunista levou ao poder um grupo relativamente pequeno de ideólogos liderados por Babrak Karmal, que não conseguiu assegurar o mínimo de legitimidade para governar. A invasão soviética elevou o Afeganistão ao status de teatro de competição da guerra fria entre a URSS e os EUA, que viam a mudança soviética para o Afeganistão como um desenvolvimento expansionista que ameaçava seus interesses mais amplos. Não surpreendentemente, uma nova liderança soviética, Gorbatchev, acabou optando por retirar as forças soviéticas e a cessação da ajuda soviética no final de 1991, levando diretamente ao colapso do regime comunista em abril de 1992.

CAPÍTULO I – AFEGANISTÃO: O NASCIMENTO...

Uma das principais consequências desses eventos foi o colapso total do Estado afegão. Até 1992, isto foi disfarçado pela assistência contínua da URSS, mas assim que houve o corte, os problemas mais profundos de coesão do Estado chegaram à superfície levando também à desintegração do exército afegão.

Terminada a era comunista afegã de catorze anos, o Afeganistão era um país em ruínas. De uma população de menos de 25 milhões de habitantes, pelo menos um milhão havia morrido. Outros milhões de afegãos haviam sido feridos ou incapacitados, cinco milhões estavam exilados no exterior, e cinco milhões deslocados internamente. Mais de quinze milhões de minas terrestres permaneceram enterradas em solo afegão. A invasão soviética de 1979 havia aberto o caminho para que o extremismo muçulmano paquistanês e saudita penetrasse no Afeganistão. Os radicais afegãos, paquistaneses e árabes islâmicos, incluindo Osama bin Laden, estabeleceram bases nas áreas das tribos pashtuns, principalmente na fronteira entre Paquistão e o Afeganistão.

O colapso do regime comunista também marcou o fim da era do imperialismo ocidental no sul da Ásia, que remonta ao século XVIII. Os exércitos europeus, que antes dominavam a região, desapareceram assim como a União Soviética. A disputa ideológica entre comunismo e islamismo tornou-se irrelevante. As versões extremistas do Islã exportadas do Paquistão, Arábia Saudita e Irã para o Afeganistão, agora competiam entre si.

Embora os soviéticos tenham deixado o Afeganistão em 1989, foi somente em abril de 1992 que os mujahedin finalmente tomaram Cabul, matando o presidente Najibullah. O triunfo deles seria de curta duração, a luta pela hegemonia entre tribos e grupos islâmicos impulsionou os acontecimentos, e sem a presença unificadora de exércitos estrangeiros em solo afegão, o

Estado do Afeganistão simplesmente desmoronou e teve início a Guerra Civil.

Com a queda de Mohammad Najibullah, em 15 de abril de 1992, os EUA e a Rússia deixaram temporariamente o terreno de disputa no Afeganistão, no qual acontece o grande jogo das potências na Eurásia desde o desde o século XVIII. Os invasores entram e saem tentando sem sucesso controlar o Afeganistão ou negá-lo a seus adversários.

O Afeganistão é um país particularmente difícil de se conquistar, principalmente devido à interseção de três fatores. Primeiro, porque está localizado na principal rota terrestre entre o Irã, a Ásia Central e a Índia, sendo habitado por uma infinidade de tribos que mantêm de certa forma uma autonomia política nas pequenas comunidades. Segundo, devido às constantes invasões e à prevalência do tribalismo na área, a ausência de um sistema de leis e do monopólio da força por parte de uma instituição centralizada levou a uma situação em que quase todas as aldeias ou casas foram construídas como uma fortaleza chamada *qalat*. Terceiro, o terreno físico do Afeganistão torna a conquista e o domínio extremamente difícil, exacerbando suas tendências tribais. O Afeganistão é dominado por algumas das montanhas mais altas e irregulares do mundo. Estas incluem o Hindu Kush, que domina o país e corre pelo centro e pelo sul do país, assim como as montanhas Pamir no leste.

As lideranças políticas e militares que tiveram destaque na luta armada contra os soviéticos, os mujahedin, conquistaram a lealdade de parte significativa da população afegã, com muito mais legitimidade do que o governo comunista. A resistência, no entanto, nunca foi uma força unida, e logo após o colapso do regime, um partido apoiado pelo Paquistão, o Hezb-e Islami de Gulbuddin Hekmatyar, iniciou o lançamento de foguetes

CAPÍTULO I – AFEGANISTÃO: O NASCIMENTO...

em Cabul – o principal símbolo da autoridade estatal – a fim de garantir que nenhuma outra parte da resistência pudesse reivindicar a autoridade para estabilizar o país.

As milícias paramilitares paquistanesas, criadas e sustentadas pelo ISI,[6] recrutaram e doutrinaram seus combatentes nas madraças, milhares de jihadistas internacionais se espalharam pelo Paquistão durante os anos 90 para obter treinamento militar e doutrinação nos campos paramilitares dos partidos religiosos gerenciados pelo ISI no Paquistão. Em 1995, a fronteira do Paquistão havia se tornado o centro do terrorismo global.

A guerra provocou intensas mudanças sociais e econômicas no Afeganistão. A educação e a assistência médica entraram em colapso com efeitos sociais e econômicos de grande impacto. Durante esse período, na ausência do Estado e com a ruptura das culturas tradicionais, o cultivo da papoula começou a se expandir. Agricultores plantaram papoula em grandes porções de terras agrícolas. Ao mesmo tempo, comandantes militares e líderes tribais desenvolveram redes para transportar o produto para o Paquistão e o Irã, para processamento ou envio para a Rússia e a Europa. A papoula se transformou no principal negócio do Afeganistão, impactando todos os níveis da sociedade afegã. A guerra arruinou as estruturas estatais que foram moldadas ao longo de dois séculos que teve, entre outras consequências, o fim do antigo equilíbrio entre Estado, tribo e religião.

No lugar do sistema construído pelos comunistas, ganharam destaque os líderes tribais e religiosos que passaram a ter mais poder. Mas também houve impacto dentro das tribos, os antigos líderes foram substituídos por comandantes que haviam conquistado suas posições através de proezas militares, armas e

---

6 *Inter-Services Intelligence*, o principal serviço de inteligência do Paquistão.

dinheiro, os quais passaram a ser conhecidos como "senhores da guerra". Os líderes religiosos, mais jovens, treinados em madraças paquistanesas ou militarizados na guerra, passaram a desempenhar o papel dos eruditos, mais velhos, que haviam fugido ou morrido. A competição pelo poder entre os comandantes mujahedin e os líderes religiosos resultou na guerra civil e depois no regime Talibã.

Durante o conflito, mais de dois milhões de afegãos se refugiaram no Paquistão, constituindo uma oportunidade para organizações extremistas de recrutá-los. Em um cenário de desemprego, pobreza e exclusão, emergiu a "Cultura Kalashnikov" ao longo da fronteira afegã-paquistanesa (Af-Pak), onde não havia presença de autoridade governamental central forte.

No final de 1994, um novo movimento surgiu no sul do Afeganistão. Muitos de seus membros saíram das madraças que haviam sido estabelecidas em campos de refugiados afegãos no Paquistão durante os anos 80. Seus principais objetivos eram restaurar a paz, aplicar a sharia e defender a integridade e o caráter islâmico do Afeganistão. Como a maioria era estudante em tempo parcial ou integral nas madraças, eles escolheram um nome para si mesmos que refletisse seu status. Um *talibá* é um estudante islâmico que busca conhecimento, que é diferente de um mulá, ou membro do clero islâmico, que dá conhecimento. O novo movimento, chamado Talibã, começou com a tomada do controle de Candaar antes de expandir para as províncias vizinhas. Dois anos depois, em 1996, nascia o "Emirado Islâmico do Afeganistão" inteiramente dominado pelos mulás.

Osama bin Laden e Ayman al-Zawahiri, os líderes da Al-Qaeda, retornaram de Cartum (Sudão) ao Afeganistão em maio de 1996. Lá, eles se juntaram a um pequeno, mas crescente, grupo de islamistas radicais pertencentes a diferentes grupos. Os

CAPÍTULO I – AFEGANISTÃO: O NASCIMENTO...

uzbeques eram o maior grupo estrangeiro, seguidos pelos árabes, que estavam divididos em várias facções. De todas as facções, somente a Al-Qaeda defendeu ataques diretos ao "inimigo distante", os EUA. Em novembro de 1996, dois meses após o Talibã ter capturado Jalalabad e entrado em contato com a Al-Qaeda, pela primeira vez, o líder talibã mulá Omar enviou uma delegação para receber e conduzir Bin Laden a Candaar. A partir daí, como veremos a seguir, uma série de encontros, articulações e desencontros acabará convergindo para os atentados terroristas no dia 11 de Setembro.

1.2 – Zawahiri, o ideólogo da jihad global

Zawahiri foi considerado unanimemente pelos serviços de inteligência de todo o mundo como o cérebro ideológico da guerra global conduzida pelos principais grupos jihadistas na década de 1990. Nascido em 19 de junho de 1951 no Cairo, Egito, em uma família de classe média alta, ele concluiu o curso de medicina na Universidade do Cairo, em 1974, e serviu por três anos como cirurgião no exército egípcio. Em 1978, começou a praticar medicina em clínicas associadas à Irmandade Muçulmana e, em 1980, ele foi para o Paquistão em uma missão humanitária, dando atendimento médico aos milhares de refugiados afegãos que fugiram da ocupação soviética. Em seguida, foi para a cidade de Peshawar, Paquistão, na fronteira com o Afeganistão, para trabalhar pelo Crescente Vermelho, seção islâmica da Cruz Vermelha Internacional. Zawahiri foi um dos primeiros árabes a ver a guerra afegã de perto e a se encontrar com os mujahedin.

Ao retornar ao Cairo, no final de 1980, Zawahiri relatou suas experiências ao seu grupo político e começou a recrutar outras pessoas para ajudar a acolher os refugiados e apoiar a luta dos mujahedin. Essa dedicação à causa afegã seria muito importante na imagem de Zawahiri como apoiador extremamente dedicado da jihad contra a União Soviética e o comunismo. Um dos momentos mais importantes em sua vida ocorreu em 6 de outubro de 1981, foi quando ele passou de agitador e crítico do governo egípcio a porta-voz da violência terrorista, ainda que tenha desempenhado um papel marginal na conspiração para matar o presidente do Egito, Muhammad Anwar Al Sadat.

Zawahiri, assim como milhares de suspeitos que participaram do atentado, foi preso e torturado pelas forças de segurança egípcias. Na cadeia, em decorrência de sua formação política e profissional, tornou-se uma espécie de porta-voz do movimento islâmico. Condenado por tráfico de armas, foi libertado três anos depois, quando fugiu para a Arábia Saudita com um passaporte falso e se fixou em Gidá, a maior cidade de Hejaz.[7]

Possivelmente nesse período ele conheceu e se aproximou de Osama bin Laden. Ambos possuíam trajetórias semelhantes: pertenciam à classe média alta e haviam trabalhado nos campos de refugiados do Paquistão na luta contra os que eram considerados inimigos do Islã. Tempos depois, Zawahiri comentaria que com a morte de Anwar Al Sadat,[8] a questão da jihad no Egito e no mundo árabe explodiu e se tornou uma prática diária. Confrontos com os regimes corruptos e aliados dos EUA e Israel tornaram-se uma batalha contínua.

---

[7] Província saudita que abriga Meca e Medina, as cidades sagradas do Profeta Maomé e local de peregrinação islâmica.

[8] Presidente egípcio assassinado em 1981 por um membro da Irmandade Muçulmana.

CAPÍTULO I – AFEGANISTÃO: O NASCIMENTO...

Em 1993, Zawahiri viajou para os EUA a fim de arrecadar fundos para a jihad nas mesquitas da Califórnia. Depois, passou um tempo no Sudão, onde reencontrou Bin Laden. Enquanto Zawahiri estava no Sudão, os apoiadores da jihad[9] islâmica no Egito se engajaram em uma intensa campanha para derrubar o governo de Hosni Mubarak, que sucedeu ao governo de Al Sadat. Em agosto de 1993, jihadistas alvejaram membros do governo egípcio num atentado no Cairo e, pela primeira vez, foi usada a tática de homem-bomba naquele país.[10]

Em maio de 1997, Zawahiri reuniu-se com Osama bin Laden no Afeganistão. Os dois tornaram-se inseparáveis nos anos seguintes. Como o regime egípcio fortaleceu seu sistema de segurança e inteligência, tornando-se cada vez mais imune aos ataques, a jihad islâmica passou a se dirigir para alvos mais vulneráveis como turistas ocidentais e israelenses que visitavam as antiguidades egípcias. Com isso, esperavam, de alguma forma, impactar a economia egípcia. No dia 17 de novembro de 1997, organizaram um atentado no Templo de Hatshepsut em Luxor, Egito, causando a morte de 62 pessoas, em sua maioria turistas.

Os egípcios ficaram indignados com as mortes e os grupos terroristas perderam o apoio indireto que possuíam fora de seus círculos radicais. Essa seria a última operação significativa dentro do Egito. O Presidente Mubarak organizou, então, uma

---

9 A palavra árabe jihad é muitas vezes traduzida erroneamente como "guerra santa", mas significa luta, esforço ou o direito de se defender de uma agressão. O que é preciso considerar é a interpretação e o uso que os diferentes grupos islâmicos fazem do termo como justificativa para alcançar seus fins políticos.

10 No início da década de 1980, o grupo xiita libanês, *Hezzbollah*, organizou atentados suicidas contra a ocupação israelense.

repressão massiva, aumentou enormemente a força policial nas ruas e criou redes de informantes espionando todo país. A inteligência egípcia também atacou a estrutura de apoio aos extremistas de modo que Zawahiri foi indiciado, julgado "em ausência" e condenado à morte.

O grupo de Zawahiri frequentemente entrava em conflito com outros grupos jihadistas por considerá-los muito brandos em seus métodos de ação e sem vontade de travar uma jihad implacável, recusando-se a endossar ataques a turistas, por exemplo. Quando os grupos radicais concordaram em uma trégua com o governo de Mubarak, Zawahiri além de se recusar a fazer parte do acordo, fez apelo para mais ataques. Em resposta, o regime de Mubarak montou uma enorme campanha para promover uma verdadeira caça aos partidários de Zawahiri no Egito e no exterior, com considerável sucesso, principalmente em relação à arrecadação de recursos financeiros.

Em 23 de fevereiro de 1998, no entanto, Zawahiri ressurgiu, trilhando novos caminhos. Junto com Bin Laden promoveu a fusão de suas organizações com grupos do Paquistão e de Bangladesh para formar a "Frente Islâmica Mundial pela Jihad contra Judeus e Cruzados". A nova frente prometia travar a jihad contra todos os norte-americanos, civis e militares, até que as forças militares dos EUA fossem expulsas do mundo islâmico, principalmente das cidades sagradas. Em 1998, Zawahiri havia se tornado a eminência parda de Bin Laden, com considerável influência no seu pensamento e na sua visão de mundo. Juntos, forjaram uma doutrina para a jihad global.

CAPÍTULO I - AFEGANISTÃO: O NASCIMENTO...

1.3 —Osama bin Laden, o líder da jihad global

Osama bin Laden nasceu em uma das famílias mais ricas do Oriente Médio. O pai de Osama, Mohammed bin Awad bin Laden, deixou o Hadramaute, uma remota região do Iêmen, para fazer fortuna no ramo de construção na Arábia Saudita. Ganhou um importante contrato para reformar o terceiro mais importante local sagrado do Islã, o Haram al-Sharif, um vasto santuário no coração de Jerusalém e, por meio desses projetos, ganhou acesso ao centro do poder político e religioso do reino saudita. Seu negócio cresceu e se diversificou em muitos campos de construção civil em toda a península arábica e na Jordânia. Os anos de formação de Osama no mundo dos príncipes e clérigos sauditas tiveram um enorme impacto em sua vida. Sua referência no islamismo era o wahabismo e durante seu processo de radicalização, chegou a acusar a família saudita de trair os preceitos do Islã.

Osama obteve sua educação inicial no Líbano, outro país que estava na linha de frente na luta contra Israel. Depois, frequentou a escola de administração de empresas na Universidade King Abdul Aziz em Gidá, a capital comercial e política do Hejaz, na qual fez cursos sobre o Islã ministrados por Mohammed Qutb, o irmão mais novo de Sayyid Qutb.[11] Sayyid Qutb foi um verdadeiro mestre para Zawahiri. Bin Laden nunca completou seus estudos e foi trabalhar na empresa de seu pai, quando viajou por toda região do Oriente Médio para supervisionar projetos de construção como acompanhante de seu pai.

---

[11] O influente ideólogo egípcio (1906-1966) que construiu as bases teóricas do islamismo radical no mundo muçulmano pós-colonial.

Um palestino membro da Irmandade Muçulmana e estudioso do Islã, o professor Abdullah Azzam, recrutou Osama bin Laden para a Irmandade. Assim como Zawahiri, Bin Laden também esteve no Afeganistão, na década de 1980, na luta contra os soviéticos, principalmente como um grande financiador dos mujahedin, dando assistência econômica aos parentes de combatentes mortos e feridos, construindo hospitais e ajudando milhões de refugiados afegãos que fugiram para fronteira com o Paquistão. Rapidamente esse jovem milionário, carismático e extremamente devoto tornou-se celebridade nos jornais e revistas no mundo islâmico.

No final dos anos 1980, Bin Laden teve uma relação muito próxima com o ISI, pois colaborou na criação de um importante grupo jihadista da Caxemira, o Lashkar-e-Taiba (LeT), que atuava contra a Índia. Considerado um dos grupos terroristas mais violentos e agressivos, o grupo foi criado em 1987, por vários estudiosos islâmicos no Paquistão para apoiar os mujahedin afegãos junto com voluntários da Caxemira. O ISI desempenhou um papel fundamental nesse processo e Bin Laden doou US$ 200 mil.

Bin Laden começou sua carreira política como um rico financiador da jihad, disponibilizando-se a ajudar e apoiar qualquer islâmico que quisesse ir lutar no Afeganistão em permanente contato com os mujahedin. O dinheiro que o Estado saudita fornecia junto com o envio de homens como Bin Laden permitiu aos árabes uma presença de destaque nas decisões sobre a guerra no Afeganistão.

Apesar de ainda haver muita controvérsia nos relatos de ex-combatentes e de jornalistas, se Osama realmente participou de combates, por outro lado, é certo que ele teve papel destacado em áreas de financiamento, planejamento e operações de inteligência.

CAPÍTULO I – AFEGANISTÃO: O NASCIMENTO...

O chefe da inteligência saudita, príncipe Turki, reunia-se com Bin Laden no Paquistão de vez em quando para coordenar suas atividades de apoio à luta contra as forças soviéticas. Por meio de Zawahiri, os egípcios se tornaram um grupo influente ao lado dos sauditas e foram fundamentais para chamar a atenção da mídia em relação à figura de Osama no mundo muçulmano. Zawahiri passou a ter cada vez mais influência no pensamento de Osama e ajudou a promovê-lo como líder da jihad.

Em julho de 1988, quando os mujahedin obtinham importantes vitórias contra os soviéticos, Bin Laden começou a chamar seu grupo de Al-Qaeda al Askariya ("a base militar") e deu-lhe uma estrutura organizacional moderna. Nesse momento, animados com as vitórias sucessivas contra os soviéticos, muitos árabes se juntaram à luta armada no Afeganistão e o nome da Al-Qaeda começou a ganhar fama. A inteligência dos EUA observou o aumento acentuado de combatentes árabes, expressando preocupação sobre as implicações de longo prazo quando retornassem do campo de batalha como heróis de guerra. Embora ciente desse problema potencial, os serviços de inteligência norte-americanos acabaram se concentrando em vencer a Guerra Fria. Como avaliou Robert Gates, vice-conselheiro de segurança nacional em 1988-91, quase um década depois:

> Começamos a tomar conhecimento de um aumento significativo do número de cidadãos árabes de outros países que viajaram ao Afeganistão para lutar na Guerra Santa contra os soviéticos. Eles vieram da Síria, Iraque, Argélia e de outros lugares. Anos mais tarde, esses combatentes fundamentalistas começariam a aparecer em todo o mundo, do Oriente Médio até Nova York, ainda lutando sua Guerra Santa apenas agora, incluindo os Estados Unidos entre seus inimigos. Nossa missão era empurrar os soviéticos para fora do Afeganistão. Esperávamos que o Afeganistão pós-soviético

fosse feio, mas nunca consideramos que se tornaria um paraíso para os terroristas que operam no mundo inteiro.[12]

Bin Laden e Zawahiri estavam juntos no famoso cerco de Jalalabad, cidade afegã com localização estratégica para o acesso à capital Cabul. Nesse contexto, os árabes estavam se tornando mais numerosos e a Al-Qaeda cada vez maior e mais bem-estruturada. O cerco de Jalalabad falhou, no entanto, e o regime afegão não se desintegrou, o que apenas aprofundou a guerra civil entre os próprios mujahedin.

Osama voltou para a cidade saudita de Gidá, retomou seu papel no império da indústria de construção da família e propôs às lideranças sauditas que o auxiliassem a organizar uma nova jihad para derrubar o governo comunista no sul do Iêmen. Tratava-se do único regime comunista no mundo árabe e parecia um bom alvo para os esforços jihadistas após a retirada soviética do Afeganistão. Desejando continuar o movimento da jihad contra os comunistas no mundo islâmico, ele buscou ajuda da inteligência saudita para derrubar o regime do Iêmen do Sul.

Embora o governo saudita estivesse empenhado na luta contra os comunistas, também estava preocupado com a possibilidade de ser difícil controlar um militante como Bin Laden. Mas, o fato é que, no final de 1989, o Iêmen do Sul estava caminhando para o colapso porque havia perdido a ajuda material e logística da URSS. Em agosto de 1990, surgiu uma nova oportunidade para Osama bin Laden colocar seu grupo armado em atividade. O Iraque não apenas invadiu o Kuwait, mas, além disso,

---

[12] GATES, Robert Michael. *From the shadows:* the ultimate insider's story of five presidents and they won the cold war. New York: Simon and Schuster, 1997 (grifo nosso).

CAPÍTULO I - AFEGANISTÃO: O NASCIMENTO...

havia real possibilidade de que os cem mil homens da Guarda Republicana iraquiana estivessem se preparando para invadir a própria Arábia Saudita.

Apesar de gastar bilhões de dólares em defesa, o exército saudita não tinha a mínima condição de enfrentar a Guarda Republicana de Saddam. Percebendo essa vulnerabilidade, Osama bin Laden solicitou uma audiência urgente com o príncipe Sultan, ministro da Defesa saudita, e um dos homens mais ricos da família real. Bin Laden queria propor repetir a experiência bem-sucedida no Afeganistão por meio da organização de um exército islâmico de veteranos árabes e afegãos com assistência militar e financiamento. Osama era um opositor do governo baathista de Saddam por considerá-lo um socialista secular alinhado com a ex-União Soviética e, portanto, um inimigo do Islã.

O governo saudita não apenas recusou a proposta de Osama, mas aceitou a oferta do presidente Bush de enviar mais de 250.000 militares, além do apoio bélico para defender o reino saudita. Pouco tempo depois, os EUA liderariam as forças multinacionais com o apoio unânime do conselho de segurança da ONU para expulsar Saddam do Kuwait. Bin Laden se opôs frontalmente à presença dos EUA e seus aliados, e, muito embora não tenha criticado diretamente os membros da casa da família Saud, que dirigia a política e a economia da Arábia Saudita, argumentava que os norte-americanos eram inimigos mais perigosos do que Saddam. Em 1991, após a libertação do Kuwait pela coalizão internacional, Bin Laden optou pelo exílio no Sudão.

No início da década de 1990, o Sudão era considerado um refúgio seguro para todos os tipos de radicais e dissidentes. O governo de Hassan al-Turabi e sua Frente Nacional Islâmica convidaram grupos e personalidades islâmicas de todo o mundo, especialmente aqueles que tinham um histórico de guerra no

Afeganistão. Em março de 1994, o governo saudita retirou a cidadania de Bin Laden, tornando-o apátrida; a família o deserdou publicamente, deixando-o praticamente sem acesso aos seus recursos financeiros. Isso fez com que Bin Laden se aproximasse, ainda mais, de Zawahiri, que também foi para o Sudão, fugindo da inteligência egípcia e da CIA.

Em dezembro de 1994, Osama escreveu uma carta aberta ao clérigo wahabita, Bin Baz, a principal figura religiosa da Arábia Saudita, com uma lista de acusações à família Saud e seus líderes clericais por corrupção e traição por se aliarem aos EUA. Mas a maior parte da carta falava de outra atitude considerada gravíssima: o apoio dos Saud ao processo de paz com Israel. Com isso, Osama pôde construir o argumento de que as lideranças sauditas abandonaram os três santuários sagrados do Islã para as "forças de ocupação judaico-cruzadas". Bin Laden argumentava que todo muçulmano tinha a obrigação de lutar contra a ocupação de qualquer terra do Islã e que houve uma traição dos "tiranos árabes, traidores e covardes". Em 1995, Bin Laden escreveu outra carta, agora endereçada aos "eruditos honrados" do Islã, especialmente aqueles que viviam na Arábia Saudita, na qual estendeu os ataques à família real saudita observando que: "pela primeira, vez os cruzados conseguiram realizar suas ambições e sonhos históricos [...] ganhando controle sobre os lugares sagrados islâmicos e os santuários",[13] de modo a transformar a Península Arábica na maior base aérea, terrestre e marítima dos EUA na região.

Em abril do mesmo ano, Zawahiri tentou, sem sucesso, unir os vários grupos jihadistas egípcios sob sua liderança. Com

---

13 LAWRENCE, Bruce. *The statements of Osama bin Laden*. New York: Verso, 2005., p.15.

CAPÍTULO I - AFEGANISTÃO: O NASCIMENTO...

o objetivo de ganhar ascendência entre os radicais islâmicos, o grupo Al-Gama'a al-Islamiyya planejou um atentado contra o presidente Hosni Mubarak, em 26 de junho de 1995, emboscando sua comitiva enquanto ele visitava a Etiópia no encontro de cúpula da Organização da Unidade Africana (OUA). Apesar de não conseguir atingir o presidente egípcio, o atentado serviu de alerta aos governos dos EUA, Egito e Etiópia que passaram a pressionar o Sudão pela extradição dos responsáveis pelos atentados para que pudessem ser julgados. Diante da negativa do governo sudanês, o apelo se dirigiu ao Conselho de Segurança da ONU que aprovou, em janeiro de 1996, a Resolução 1.044, exigindo que o Sudão entregasse os suspeitos. Além disso, a Resolução 1.070, aprovada em abril de 1996, impunha a proibição da Sudan Airways operar fora de suas fronteiras.

Sob intensa pressão internacional, o governo sudanês expulsou Bin Laden, forçando-o a vender todos os seus bens por uma fração de seu valor e sugeriu sua transferência para o Afeganistão, o que aconteceu no dia 18 de maio de 1996. Naquele momento, o caos do início dos anos 90 estava sendo substituído pela hegemonia do Talibã. Osama bin Laden chegava, assim, ao aeroporto de Jalalabad, mesmo lugar de onde havia partido há seis anos.

O ISI que mantinha contato com Bin Laden, desde a década de 1980, desempenhou papel fundamental para organizar os primeiros encontros de Osama com o líder do Talibã, mulá Omar. Poucos meses depois de sua chegada ao Afeganistão, Bin Laden enviou uma carta a toda a Umma,[14] com atenção especial aos "irmãos muçulmanos" da Península Arábica. Era um manifesto que

---

14 *Umma* é a palavra árabe que significa uma comunidade supranacional com uma história comum.

narrava a opressão, a hostilidade e a injustiça cometidas pela "aliança judaico-cristã" contra a Umma, fazendo referência aos "massacres" no Líbano pelas Forças de Defesa de Israel (FDI) e uma série de outras atrocidades contra a população islâmica.

Outro fugitivo que se juntou a Bin Laden e Zawahiri no Afeganistão foi Khalid Sheikh Mohammed, paquistanês, tio de Ramzi Yousef com quem conviveu no Kuwait. Khalid também foi combatente no Afeganistão, no final dos anos 80, onde, provavelmente, deve ter conhecido Bin Laden. Mohammed foi o principal mentor do atentado de 1993 ao World Trade Center. Bastante influenciado por uma operação jihadista argelina, em 1994, que sequestrou um avião da Air France para explodir a Torre Eiffel, Kalid planejava usar aviões comerciais nos EUA como bombas suicidas.

No inverno de 1997-1998, Bin Laden e Zawahiri juntaram-se a outros líderes de grupos jihadistas proclamando a fundação da Frente Islâmica Mundial com o objetivo de unificar a luta global. Pela primeira vez na história, fizeram uma declaração pública justificando as razões de suas ações: a ocupação norte-americana da "sagrada Península Arábica", a morte de iraquianos como resultado das sanções da ONU impostas em 1991 e a fundação do Estado de Israel. No documento, os EUA foram eleitos como o inimigo principal que fazia de tudo para realizar os interesses do Estado judeu, ao mesmo tempo em que se articulavam com as elites corruptas dos países árabes. Assim, para defender a Umma de novos ataques dos EUA e de Israel, Osama e Zawahiri pregavam que "o dever de todo muçulmano em todos os países era matar os americanos e seus aliados – civis e militares – para libertar as Mesquitas de Al-Aqsa e Sagrada de Meca".[15] A primeira grande

---

15 FBIS REPORT. "Compilation of Osama Bin Ladin Statements from March 1994 to 9 January 2004". *Federation of American Scientists*, [S.I.].

CAPÍTULO I - AFEGANISTÃO: O NASCIMENTO...

ação após a declaração seria o ataque simultâneo, por caminhões--bomba suicidas, às embaixadas norte-americanas na Tanzânia e no Quênia.

1.4 – Mulá Omar, o herdeiro do Profeta

O grupo insurgente Talibã, cujo nome deriva de uma palavra persa que significa "estudantes", se formou sob a liderança de um clérigo cego de um olho, da província de Oruzgan, no centro do Afeganistão, a quem o mundo viria a conhecer como mulá Mohammad Omar.

Omar nasceu por volta de 1959 na aldeia de Nodeh, próxima de Candaar, Afeganistão, no seio de uma família de camponeses pobres, membros da tribo hotak, um ramo da etnia pashtun. Sabe-se pouco de sua vida, mas é certo que veio de uma das províncias mais pobres e atrasadas de um país igualmente pobre e atrasado. Omar parece ter tido pouca ou nenhuma educação formal fora das escolas religiosas, as madraças,[16] onde se formou no Paquistão. Segundo relatos de mujahedin, foi um lutador aguerrido no conflito antissoviético, mas que não assumiu papel de liderança. Sua reputação cresceu quando ele ordenou que um grupo de militantes do Talibã prendesse um senhor da guerra que havia capturado e estuprado duas adolescentes. Os Talibãs, armados apenas com fuzis, atacaram a base do comandante, libertaram as meninas e enforcaram seu líder, que foi, então, pendurado no cano de um tanque à vista de todos como

---

Disponível em: https://irp.fas.org/world/para/ubl-fbis.pdf. Acesso em: 17.09.2021.

16 Instituição de ensino de caráter religioso.

exemplo da justiça talibã. Esse é um dos muitos relatos míticos que cresceram em torno da história de Omar.

Mas como resultado de ações pontuais, os talibãs varreram o mundo pashtun do leste do Afeganistão, de criminosos que controlavam os vales e os desfiladeiros das montanhas. Em 1996, o Talibã havia tomado Cabul e o povo afegão parecia aceitar seu domínio. O Ocidente viu rapidamente o Talibã como a fonte de uma nova ordem e uma possível ferramenta em mais uma repetição do Grande Jogo – a corrida pelas riquezas energéticas da Ásia Central. As empresas petrolíferas norte-americanas e estrangeiras estavam procurando maneiras de canalizar as vastas reservas de gás natural do Turcomenistão para mercados famintos de energia no Paquistão. Em 1996, a maior parte da rota do oleoduto proposto estava vagamente sob o controle do Talibã e a combinação de poder e recursos energéticos parecia atraente. Mas o otimismo foi de curta duração.

Em 1997, os planos para o gasoduto afegão foram arquivados e o país começou uma espiral descendente de estabilidade ainda mais acentuada à medida que o Talibã se sobrepunha em sua busca para assumir o controle do país. Com graves violações aos direitos humanos e também aos direitos das mulheres, os talibãs atraíam o desprezo internacional e, com exceção do reconhecimento diplomático da Arábia Saudita, dos Emirados Árabes Unidos e do Paquistão, o Afeganistão estava em total isolamento. Seu fracasso como um Estado de qualquer forma reconhecível estava agora completo.

Os ulemás que assumiram papéis de liderança no Talibã raramente haviam sido mais que subcomandantes na guerra contra os soviéticos. O próprio Muhammad Omar era um simples mulá, embora com um distinto histórico de guerra. Tratou-se, portanto, de uma ruptura radical com as lideranças tradicionais.

CAPÍTULO I – AFEGANISTÃO: O NASCIMENTO...

Na sociedade rural tradicional pashtun, o mulá era visto como aquele que está num dos níveis mais inferiores na ordem social. Mesmo que os aldeões pudessem respeitá-los por seu papel de liderar a oração e ensinar às crianças os fundamentos da piedade e do conhecimento islâmico, não lhes era concedido o papel de intervir em assuntos públicos. No entanto, depois que os khans, os líderes religiosos tradicionais e os islamistas políticos fracassaram, foram os mulás que se tornaram o último veículo para as aspirações da população sofrida do sudeste afegão.

Em conjunto, esses fatores mostram as profundas raízes locais do Talibã. O movimento não deve ser confundido com outras vertentes da militância islâmica. Mas, embora estes elementos sejam de alguma forma explicativos do apelo do movimento talibã em uma área relativamente restrita ao redor de Candaar, eles são insuficientes para explicar seu espantoso sucesso posterior. Quando mulá Omar e seu grupo de militantes começaram a busca pelo poder na primavera de 1994, eles possuíam dezesseis armas entre trinta homens. Em outubro de 1994, quando o Talibã lançou um ataque à base Hizb-e-Islami em Spin Boldak, perto da fronteira com o Paquistão, eles eram duzentos. Em dezembro, já somavam doze mil. Em meados do ano seguinte, quando lançaram um ataque contra a cidade de Herat, eles tinham quase o dobro de combatentes. Para entender como esse crescimento espantoso foi possível, é preciso olhar através da fronteira porosa, aleatória e artificial com o Paquistão.

Desde o início, o Talibã encontrou apoio no Paquistão. Embora mantivessem vínculos com outros grupos insurgentes afegãos, os paquistaneses viram no Talibã a forma mais eficaz para encerrar a guerra civil e consolidar sua influência sobre o Afeganistão. O ISI estava confiante de que poderia controlar a liderança do Talibã e usar a organização para solidificar a proeminência do Paquistão no país. O Paquistão tornou-se o primeiro país do mundo a reconhecer o governo do Talibã, depois outros dois o seguiram: Arábia Saudita e Emirados Árabes Unidos. Com o auxílio do ISI, o Talibã conseguiu recrutamento em massa entre as madraças do Paquistão, especialmente na região fronteiriça.

A extensão da ajuda do Paquistão sempre foi uma fonte de controvérsia, pois o ISI tentava de toda maneira encobrir seus rastros, ao mesmo tempo em que seus inimigos tentavam exagerar seu papel. De qualquer forma, é fora de dúvida que a ajuda do Paquistão foi vital para os militantes do Talibã e para o prosseguimento da guerra contra seus rivais, que se organizaram em um novo eixo chamado Aliança do Norte[17] em reação à queda de Cabul em setembro de 1996. Especialistas paquistaneses atuavam intensamente nas áreas de logística e inteligência para manter e operar as armas mais sofisticadas do Talibã, incluindo tanques e aeronaves. O ISI também usou o Afeganistão como base de treinamento para os jihadistas da Caxemira, necessários para apoiar a insurgência que o Paquistão patrocinava contra a Índia desde o final dos anos 80.

As relações entre mulá Omar e Bin Laden foram bastante conturbadas no início, pois havia uma mútua desconfiança. Quando Bin Laden chegou ao Afeganistão em busca de refúgio com alguns de seus antigos aliados de guerra, ele se dirigiu a Candaar. Omar havia se mudado com sua família para lá, cidade que se tornou a verdadeira capital do Emirado Islâmico, pois não se sentia confortável na cosmopolita Cabul, centro de múltiplas culturas e seitas sem maioria pashtun. Além disso, Candaar

---

[17] A Aliança Afegã do Norte, oficialmente conhecida como Frente Islâmica Unida para a Salvação do Afeganistão, foi uma frente militar unida que chegou à formação no final de 1996 depois que o Emirado Islâmico do Afeganistão (Talibã) conquistou Cabul.

CAPÍTULO I – AFEGANISTÃO: O NASCIMENTO...

ostentava um significado religioso, no qual a manta do profeta Muhammad, relíquia de valor inestimável, estava há séculos na mesquita da cidade. Mas, ao mesmo tempo que o radicalismo e a devoção de seus seguidores levavam a vitórias militares, também fazia com se tornassem cada vez mais isolados, devido à radicalidade na interpretação do Islã. Isso fez com que Bin Laden, que também estava isolado, se tornasse cada vez mais próximo de Omar.

Em março de 1996, o mulá Omar convocou uma grande reunião em Candaar para decidir a futura direção do movimento Talibã e nomear um líder. Ele não convidou os comandantes militares locais, os tradicionais líderes tribais, de clã ou figuras políticas, mas apenas líderes religiosos. A candidatura de Maulvi Mohammed Nabi Mohammedi, que havia liderado muitos dos presentes durante a guerra contra os soviéticos, um destacado estudioso, foi recusada porque ele, assim como a maioria dos líderes mujahedin, foi considerado como tendo semeado o fitna[18] entre os afegãos após a expulsão dos soviéticos. Somente pessoas sem envolvimento prévio na política eram aceitáveis. Mulá Omar foi eleito amir-ul momineen, líder dos fiéis. Num gesto ousado, para coroar sua nomeação, mulá Omar vestiu a manta do profeta e se proclamou o líder da Umma, "Comandante dos Fiéis", tornando-se conhecido como o herdeiro do Profeta.

Mesmo antes dos ataques às embaixadas dos EUA na África, em 1998, os EUA tentaram persuadir o Talibã e o Paquistão a prender Bin Laden e a destruir a estrutura de sua organização. Em abril de 1998, o presidente Clinton enviou Bill Richardson, embaixador dos EUA na ONU, ao Sul da Ásia com uma missão específica: visitar o Afeganistão. Depois de paradas em

---

[18] Palavra árabe que designa um tipo de guerra civil entre muçulmanos.

Bangladesh, Índia e Paquistão, Richardson e uma equipe dos EUA viajaram para Cabul para o primeiro e único encontro oficial entre autoridades dos EUA com a liderança do Talibã. Os paquistaneses intermediaram a reunião a pedido dos EUA e conseguiram convencer o Talibã a se reunir com Richardson. Um encontro com o mulá Omar era praticamente impossível. Ele nunca se reunia com autoridades estrangeiras, e raramente se encontrava com infiéis ou saia de Candaar. As conversações ocorreram no palácio presidencial afegão com o número dois do Talibã, mulá Mohammed Rabbani, que chefiou a equipe talibã. Richardson tentou persuadir o Talibã a concordar com um cessar-fogo com a Aliança do Norte para preparar o caminho para um fim negociado da guerra civil. A suposição inicial era de que o fim dos combates reduziria a necessidade do Talibã por voluntários árabes e prepararia o cenário para um esforço de ajuda internacional para o Afeganistão se recuperar de um quarto de século de guerra.

Mas o Talibã não estava interessado em qualquer tipo de acordo. As lideranças talibãs entendiam que a guerra contra a Aliança do Norte era uma obrigação sagrada e não poderia terminar até que conquistassem o país inteiro. Bin Laden e a Al-Qaeda declararam guerra aos EUA e defenderam o assassinato de seus cidadãos e como estavam em território afegão, era responsabilidade do Talibã controlar suas atividades ou entregá-lo às autoridades sauditas para processá-lo por patrocinar o terrorismo. O mulá Rabbani disse que Bin Laden era seu hóspede e que eles próprios monitoravam suas atividades. Quanto às suas ameaças de matar norte-americanos, disse que Bin Laden não era um jurista islâmico qualificado e, portanto, ninguém levaria suas palavras a sério. As negociações terminaram sem acordo sobre a guerra civil e sem o reconhecimento por parte do Talibã de sua responsabilidade em conter a Al-Qaeda.

CAPÍTULO I - AFEGANISTÃO: O NASCIMENTO...

Retornando a Islamabad, após uma visita à Aliança do Norte, Richardson instou o governo paquistanês a pressionar o Talibã, já que era seu principal patrocinador e seu único acesso ao resto do mundo. O recado das autoridades dos EUA era que o governo paquistanês deveria persuadir o Talibã a se comportar como um membro responsável da comunidade internacional se quisessem ser aceitos nessa comunidade. O primeiro-ministro paquistanês Sharif prometeu dedicar-se ao assunto, mas deu poucas evidências de que daria passos concretos nessa direção. Em vez disso, ele enfatizou que era muito difícil lidar com o Talibã, assim como eram complexas suas relações com o Paquistão. O Paquistão tinha um interesse estratégico vital em um relacionamento forte e amigável com o Talibã devido ao enfrentamento histórico com a Índia. A fronteira de 2430 quilômetros do Paquistão com o Afeganistão estava amplamente desprotegida, observou Sharif, e essa aliança com o Talibã permitia ao governo paquistanês manter a maior parte de seus militares na fronteira indiana.

Os sauditas também apoiavam o Talibã. Antes dos ataques às embaixadas dos EUA na África Oriental, o chefe da inteligência saudita, Príncipe Turki, realizou visitas diplomáticas no Paquistão e no Afeganistão. Ele se encontrou diretamente com o mulá Omar e pressionou-o a entregar Bin Laden ao reino saudita. Omar não rejeitou o pedido de imediato, mas pediu algum tempo. Provavelmente, nesse momento a Al-Qaeda já estava ajudando a recrutar e treinar árabes para o campo de batalha no Afeganistão, além de usar locais de treinamento para operações terroristas no exterior.

1.5 – Uma nova modalidade de atentados terroristas

No dia 7 de agosto de 1998, a Al-Qaeda realizou seu primeiro grande ataque terrorista: a explosão das embaixadas norte-americanas no Quênia e na Tanzânia. Quando Turki se dirigiu novamente ao Afeganistão trazendo comandos para prender Bin Laden e levá-lo ao reino saudita, depois dos bombardeios na África Oriental, ele se surpreendeu com a mudança na postura de mulá Omar. Além de recusar-se a entregar Bin Laden às autoridades, o Talibã criticou duramente a Arábia Saudita e sua relação com os EUA.

A partir de informações recebidas dos serviços de inteligência, o presidente Bill Clinton deu início à Operação Alcance Infinito, descrevendo o alvo como "a rede de grupos radicais afiliados e financiados por Usama [*sic*] bin Laden, talvez o mais importante organizador e financiador do terrorismo internacional no mundo de hoje".[19] Foi um ataque com dezenas de mísseis cruzeiro Tomahawk dirigidos, em parte, ao Sudão, onde provocaram a destruição de uma fábrica de remédios e o restante a seis supostos campos de treinamento ligados a Bin Laden com dezenas de mortos. Os EUA dispararam por volta de 75 mísseis apenas no Afeganistão, segundo o jornal paquistanês Ausaf, quarenta deles não explodiram. Especula-se que esses mísseis foram apropriados pelo Paquistão que venderam à China para investigar a tecnologia empregada.

---

[19] WHASHINGTON POST. "Federal document clearing house". *Washington Post*, agosto, 1998, p. A17. Disponível em: https://www.washingtonpost.com/wp-srv/inatl/longterm/eafricabombing/stories/text082098b.htm. Acesso em: 17.09.2021.

CAPÍTULO I - AFEGANISTÃO: O NASCIMENTO...

Pode-se dizer que a ação de Bill Clinton tinha como propósito enviar uma mensagem a dois públicos distintos e que, evidentemente, foi percebida de forma diferente por pessoas diferentes em contextos distintos. Para a opinião pública norte-americana, os ataques foram vistos como uma tentativa de desviar a atenção do caso Monica Lewinsky.[20] Longe de intimidar Bin Laden e seus aliados, os ataques de mísseis autorizados pelo presidente Clinton serviram para confirmar aos seus seguidores a decisão polêmica de Bin Laden de iniciar sua guerra com o inimigo mais poderoso, os EUA, antes de atacar os governantes árabes, considerados mais fracos. Para ativistas islâmicos em todo o mundo, os atentados mostraram que Bin Laden não era, como muitos pensavam anteriormente, um exibicionista, pelo contrário, era um guerreiro e seu prestígio passou a ser enorme.

Muitos afegãos que desconheciam a existência de Bin Laden passaram a reverenciá-lo. Quem é esse guerreiro que mereceu a atenção do presidente dos EUA? Deve ser alguém muito poderoso, protegido de Alá, pois além de sair ileso dos ataques, conjecturam os afegãos, vários mísseis nem explodiram! Cartazes e adesivos de Bin Laden, retratados com toda a iconografia tradicional de um "guerreiro sagrado", apareceram nas paredes dos cafés, praças e painéis dos motoristas de táxi da Malásia ao Magrebe. As doações para Bin Laden, que vinham caindo nos últimos anos, aumentaram acentuadamente. Frustrados, os oficiais da inteligência norte-americana revelaram que auditorias do governo na Arábia Saudita mostraram que empresários das monarquias do Golfo Pérsico haviam transferido

---

20 Escândalo político sexual devido a uma suposta relação sexual entre o presidente Bill Clinton e uma estagiária da Casa Branca que resultou em um processo de impeachment.

milhões de dólares por meio de instituições de caridade islâmicas para contas bancárias vinculadas a Bin Laden no final de 1998.

Em uma série de encontros com o primeiro-ministro paquistanês, Sharif, entre 1998-1999, o presidente Bill Clinton prometeu a entrega de dezenas de caças F-16 detidos pelos EUA, desde agosto de 1990, devido à acusação de rompimento do acordo nuclear por parte do Paquistão. Em troca, Clinton pediu a Sharif que usasse a influência do Paquistão junto ao Talibã para destruir os campos de treinamento terroristas no Afeganistão e levar Bin Laden a julgamento. Sharif explicou que o Paquistão não podia ser visto publicamente como se estivesse assumindo uma posição contrária ao Talibã, pois poderia beneficiar a Índia, seu país rival. O primeiro-ministro explicou que o Afeganistão era de interesse vital para o Paquistão em suas disputas com a Índia.

Com um Afeganistão hostil, o Paquistão ficaria espremido entre dois vizinhos hostis e seu exército lutando em duas frentes, o que o colocaria em desvantagem contra uma Índia mais forte. Portanto, o Paquistão tinha de manter laços estreitos com o Talibã e não podia tentar pressioná-los em nome dos EUA. Além de tudo, seria imprudente, observou ele, porque o Talibã tinha a capacidade de causar sérios distúrbios entre as próprias tribos pashtuns do Paquistão na região da fronteira. Explicou ainda que o Paquistão precisava de uma fronteira tranquila com o Afeganistão para que pudesse concentrar seus recursos, especialmente seu exército, na fronteira indiana, prometendo assim trabalhar secretamente com os EUA na questão da Al-Qaeda.

Mesmo com a mudança de governo no Paquistão, com a posse do general Pervez Musharraf, que havia assumido o poder em um golpe militar, a visão estratégica paquistanesa permaneceu a mesma, apenas com uma mudança no tom da conversa com os EUA. Bem mais dura de ambos os lados. No final de 2000,

CAPÍTULO I - AFEGANISTÃO: O NASCIMENTO...

a abordagem bilateral da questão do terrorismo com o Paquistão chegou a um impasse. Durante essas negociações, os EUA também lideraram um esforço para usar fóruns internacionais, especialmente a ONU, para pressionar os militantes do Talibã a se entregar. O esforço multilateral começou imediatamente após os bombardeios na África e o anúncio da Resolução 1.185 do Conselho de Segurança da ONU condenando os ataques. Uma nova resolução, UNSCR 1.214, foi aprovada em 8 de dezembro de 1998, cobrindo uma ampla variedade de questões relacionadas ao Afeganistão, destacando o terrorismo e, em especial, o papel do Talibã em "abrigar e treinar" terroristas em seu território como uma ameaça à estabilidade regional.

Essas ações de dissuasão não apenas não surtiram qualquer efeito como, pelo contrário, a assistência militar do Paquistão ao Talibã se intensificou. No dia 15 de outubro de 1999, o Conselho de Segurança da ONU aprovou a Resolução 1.267, exigindo novamente o fim do refúgio seguro para terroristas no Afeganistão, com solicitação específica a entrega de Osama bin Laden, acusado nos EUA pelos atentados nas embaixadas da África. Além disso, o conselho impôs sanções, incluindo a proibição de todos os voos de entrada e saída do Afeganistão, bem como o congelamento de fundos do Talibã no exterior. Mesmo assim, o Talibã se recusou a obedecer e o Paquistão cessou, aparentemente, sua influência por mais de um ano. Em 19 de dezembro de 2000, o conselho de segurança da ONU aprovou a resolução UNSCR 1.333 exortando todos os Estados a cessar o fornecimento de armas e munições ao Talibã, proibir o treinamento de seus combatentes por seus cidadãos, interromper qualquer apoio consultivo talibãs e retirar todos os conselheiros ou voluntários que lutam com o Talibã. A mensagem era claramente dirigida ao Paquistão.

A declaração de guerra de Osama bin Laden, em 23 de agosto de 1996, foi publicada no site Al-Quds al-Arabi, sediado em Londres. Para assegurar uma ampla distribuição na Arábia Saudita, foi postado no site do dissidente saudita Al-Islah, sediado no Reino Unido, em 2 de setembro. A declaração marcou uma mudança brusca na avaliação de Bin Laden a respeito do motivo pelo qual os principais inimigos do Islã haviam se mostrado tão difíceis de derrotar. Nos comunicados de Bin Laden, o foco principal havia sido a reforma ou a derrota da corrupção, da má governança e o comportamento anti-islâmico – especialmente em assuntos relacionados à política externa da família real saudita. Bin Laden usou os comunicados para indiciar a submissão de Riad aos EUA e seguir as ordens de Washington, mas seu principal alvo era claramente o regime saudita.

A declaração de agosto, entretanto, mostrou que Osama bin Laden havia repensado sua posição. Embora ele ainda considerasse o regime saudita como corrupto e pouco islâmico, utilizando grande parte da declaração para criticar a má administração do rei, concluiu que os outros grandes inimigos do Islã – Israel e os governos tirânicos no Egito, Argélia, Jordânia etc. – eram capazes de oprimir os muçulmanos por causa do apoio monetário, militar e político que recebiam dos EUA. Mudando a atenção para os EUA, Bin Laden implementou uma ideia que havia abordado um ano antes: que o foco da Al-Qaeda no Reino Unido deveria ser os ocupantes norte-americanos, "o patrocinador, não o patrocinado"; os Sauds, afinal, eram apenas a "sombra da presença dos EUA".

CAPÍTULO I - AFEGANISTÃO: O NASCIMENTO...

1.6 – A esperança no retorno da Umma

"Por que eles nos odeiam?". Essa pergunta era frequentemente feita por jornalistas, intelectuais e políticos norte-americanos sempre que havia algum ataque terrorista contra cidadãos norte-americanos. Pergunta que foi repetida à exaustão e tornou-se mais emotiva nos dias e semanas após os ataques de 11 de Setembro. A resposta do *mainstream* já estava pronta: "eles nos odeiam por nossos valores". A discussão pública sobre a motivação dos ataques terroristas rapidamente passou a ser dominada pela linguagem da existência de um "mal" que estaria na essência de certos grupos. Nessa interpretação, os sequestradores os tinham atacado por causa de um ódio inexplicável aos EUA e seus valores. Respostas alternativas, especialmente aquelas que procuravam conectar os ataques à política externa norte-americana, foram imediatamente desqualificadas como antipatrióticas.

Se olharmos com atenção a ideologia professada por Qutb, Zawahiri e Osama bin Laden vamos perceber que não está fundamentada no ódio pela cultura ou valores ocidentais, nem pelo status das mulheres ocidentais, nem muito menos pela alegada decadência do Ocidente. Não é uma crítica à democracia ou à liberdade praticada na América ou na Inglaterra. Em vez disso, sua ideologia se concentra inteiramente no que eles acreditam que as potências ocidentais fizeram ao mundo islâmico. É uma questão de política, não de valores. É uma lista de acusações muito específicas sobre ações políticas, inclusive algumas que remontam ao século passado.

De acordo com esses ideólogos islâmicos, o imperialismo ocidental foi o principal responsável por ter levado o mundo muçulmano ao declínio, dividindo-o em Estados fracos governados por falsos líderes corruptos que cooperam secretamente com o Ocidente entregando suas riquezas. A queda do Império

Otomano, por exemplo, é avaliada como o resultado de uma conspiração entre as potências cristãs do Ocidente, especialmente a Grã-Bretanha, a França e o movimento sionista, o qual visava a criação de um estado judeu na Palestina.

Cabe destacar que a ênfase de Zawahiri no Califado Otomano o distingue de outros islamistas radicais, que se voltavam à época de Maomé em busca de um modelo político. No início do século XX, o Império Otomano controlava todas as cidades sagradas do Islã como Meca, Medina, Jerusalém, Najaf e Karbala – e a maior parte do coração tradicional da Umma no mundo árabe, o berço do Islã. Todos os estados do Levante, Iraque e grande parte da Península Arábica estavam mais ou menos sob seu controle. Embora liderado pelos turcos, era o lar de árabes, curdos, persas e outros povos muçulmanos, todos vivendo em um sistema islâmico. Os otomanos enfraqueceram, no entanto, e não conseguiram proteger a Umma do Ocidente.

Zawahiri não está interessado em um mundo ideal que remonta aos tempos medievais, mas na moderna política de poder. Embora mencione a existência de um renascimento fundamentalista, seu objetivo principal é o ressurgimento político da Umma, deliberadamente enfraquecida pelo Ocidente há um século e agora pronta para lutar. A derrota do Império Turco-Otomano na Primeira Guerra Mundial, portanto, é o momento crucial na história islâmica moderna para Zawahiri. Ele culpa o Império Britânico por esse colapso e pelo enfraquecimento resultante da posição do Islã no mundo.

Sua exaltação do Império Otomano é incomum na história árabe moderna que vê os primórdios do nacionalismo árabe nas revoltas contra os otomanos na Primeira Guerra Mundial. Zawahiri avalia que os novos estados árabes eram criações ilegítimas do imperialismo ocidental que apenas enfraqueceram

CAPÍTULO I – AFEGANISTÃO: O NASCIMENTO...

ainda mais a Umma e espalharam falsas doutrinas não islâmicas, como o nasserismo e o baathismo. Ou seja, o fim do califado, em 1919, tornou possível o mandato britânico que faria da Palestina uma pátria nacional para o povo judeu e, assim, cumpriria o sonho sionista de criar o Estado de Israel. A Declaração Balfour de 1917, com sua promessa de apoio britânico ao sionismo, foi, lamentou Zawahiri, o crime de "alguém que não era dono da Terra Santa da Palestina dando-a a alguém que não a merecia".[21]

O tratado de Sykes-Picot dividindo as terras islâmicas entre os impérios britânico e francês aparece frequentemente nos escritos de Zawahiri. Esse acordo não apenas violou o direito da Umma de controlar seu próprio destino, mas também confirmou a intenção do Ocidente de dividir o mundo muçulmano em pequenos Estados e, assim, perpetuar seu domínio do Islã indefinidamente, acusando os líderes árabes da época de traição ao apoiar os britânicos contra os otomanos, como as famílias reais hachemita e saudita, as duas monarquias mais importantes no mundo árabe moderno.

Na opinião de Zawahiri, o objetivo do Ocidente, atualmente, é virtualmente idêntico ao das Cruzadas originais há mil anos, que é o de dominar o mundo islâmico e controlar seus lugares sagrados. Os regimes corruptos da Jordânia, Arábia Saudita, Egito, Estados do Golfo e Turquia são os agentes dessa traição, sendo recompensados com o controle de seus pequenos Estados, que suas elites dominantes saqueiam para seu próprio lucro. Em sua percepção, o movimento jihadista ainda não

---

[21] AL-ZAWAHIRI, Shaykh Ayman. "Realities of the Conflict Between Islam and Unbelief, January 24, 2007". Disponível em: https://www. domesticpreparedness.com/commentary/realities-of-the-conflict-bet-ween-islam-and-unbelief-by-shaykh-ayman-al-zawahiri/. Acesso em: 17.09.2021.

conquistou o apoio das massas muçulmanas porque elas ainda estão sob o domínio de seus líderes corruptos, sendo necessário encontrar uma forma de derrubar os simpatizantes de Nasser, Sadat e Mubarak, no Egito, a fim de criar uma verdadeira Umma.

O único lugar onde a jihad teve sucesso no mundo islâmico, lembram Zawahiri e Osama, foi no Afeganistão, devido à peculiaridade de sua situação política. A vitória dos mujahedin sobre a União Soviética criou a oportunidade para o Talibã triunfar. Assim, a Al-Qaeda precisava revisar sua estratégia e levar a batalha até o inimigo distante, os EUA e o Ocidente, a fim de enfraquecer seu apoio ao inimigo próximo, os líderes corruptos dos Estados criados pelo Sykes-Picot. Nesse caso, seus fantoches seriam mais fracos e, portanto, mais vulneráveis à jihad em casa. Para Zawahiri, a derrota do inimigo principal, mas distante, era a chave para a derrota do inimigo próximo e mais fraco.

Consequentemente, o verdadeiro propósito de atacar o inimigo distante não era apenas criar baixas em massa, mas provocar os EUA a contra-atacar e invadir as terras muçulmanas. A jihad poderia, então, reunir a oposição popular aos invasores e infligir uma derrota decisiva aos EUA e outras forças ocidentais que minariam o espírito dos ocidentais de tal forma que eles seriam obrigados a se retirar do mundo islâmico para uma postura isolacionista, deixando seus aliados corruptos no mundo muçulmano sem um protetor e à mercê dos exércitos da jihad.

Durante os onze meses entre o ataque da Al-Qaeda ao USS Cole e os ataques de 11 de Setembro, Osama bin Laden solidificou seus laços com mulá Omar, enquanto preparava suas forças para a guerra com os EUA. No início, as frequentes aparições de Bin Laden na mídia geraram pontos de atrito em suas relações com mulá Omar, mas a pressão dos EUA acabou por

CAPÍTULO I – AFEGANISTÃO: O NASCIMENTO...

uni-los contra um inimigo comum. O líder do Talibã declarou que estava pronto para salvar a Umma a partir do Afeganistão e recebeu elogios públicos de Bin Laden que prometeu lealdade pessoal ao "Comandante dos Fiéis" e instou outros a fazê-lo. Bin Laden pediu aos estudiosos para encorajar as pessoas a fazer a jihad, mobilizar as pessoas no Afeganistão e emitir fatwas sobre a legitimidade do Emirado do Afeganistão.

CAPÍTULO II

O IMPÉRIO SOB ATAQUE

2.1 – Introdução

Não há nenhum precedente na história que se assemelhe aos atentados terroristas ao World Trade Center e ao Pentágono ocorridos no dia 11 de setembro de 2001, seja na escala de sua destruição material e humana, seja na rapidez com que as imagens foram amplamente divulgadas no mundo inteiro. Muitas redes de TV conseguiram obter rapidamente imagens do primeiro impacto nas Torres Gêmeas e assim puderam transmitir ao vivo a chegada do segundo avião. Mas, assim como aconteceu em Pearl Harbor, o ataque surpresa é, ao mesmo tempo, o mais verdadeiro e o maior exemplo de fracasso da inteligência.

Surpresa é uma reação que, de acordo com o pensador chinês, Sun Tzu, autor no século 5 a.C. de *A Arte da Guerra*, pode ser obtida por meio da originalidade, da audácia nas ações, da velocidade de execução, do sigilo, do despistamento e da dissimulação das intenções. Os atentados do dia 11 de Setembro cumpriram, rigorosamente, todo esses itens e num passe de mágica inverteram, pelo menos momentaneamente, as percepções sobre a lógica da dominação: o poderoso tornou-se frágil e o fraco tornou-se forte. As imagens para todo o mundo mostrando o pavor das pessoas nas ruas de Nova York e Washington, assim como a impotência do maior poder militar no mundo, passavam a impressão de fraqueza e vulnerabilidade. Ao mesmo tempo, porém, as pessoas especulavam sobre o ato cruel, mas de alguém que é astuto e perigoso e, portanto, inteligente e poderoso.

O impacto causou imenso temor na sociedade norte-americana, mostrando, paradoxalmente, as fragilidades da superpotência. Como poderia uma nação que gastava por volta de US$ 350 bilhões em segurança e defesa ser atacada por um grupo de homens brandindo canivetes, porretes e spray de pimenta?

Os ataques surpresa causaram um duplo efeito: paralisia, num primeiro momento, para depois servir como uma chamada de despertar para os tomadores de decisões. Esses ataques galvanizaram o público e a elite em apoio ao governo, além de ter motivado o povo norte-americano a exigir respostas sobre o porquê aqueles que estão no comando – políticos, líderes militares e oficiais de inteligência – aparentemente foram pegos de surpresa. A sensação de pânico se aprofundou e se espalhou, principalmente, nos países ocidentais e/ou aliados dos EUA. A cena de Bush estupefato recebendo a notícia enquanto visitava uma escola de crianças, sem saber o que fazer, era, na verdade, a sensação de todos os membros da inteligência diante de um evento cuja escala e importância ninguém sabia exatamente como avaliar e o que fazer.

As cenas dos dias seguintes aos atentados se assemelharam aos filmes de ficção cientifica de Hollywood. O espaço aéreo de todo o território norte-americano ficou deserto, exceto para jatos que voavam a baixa altitude; tanques e blindados de guerra estavam estacionados nas ruas no centro de cidades como Nova Iorque. Apesar das chamas terem sido extintas no Pentágono e no World Trade Center, a fumaça que saía dos edifícios era uma viva lembrança e um alerta do que ainda poderia vir. Em todo o mundo, instalações governamentais e edifícios foram evacuados em meio ao medo generalizado de novos ataques. Informações

CAPÍTULO II - O IMPÉRIO SOB ATAQUE

sobre supostas tramas em células terroristas adormecidas esperando para serem ativadas, foram amplamente difundidas pelos serviços de inteligência de vários países. O presidente Bush, que havia passado grande parte do dia em bunkers, longe de Washington, foi informado na manhã do dia 12 de setembro que a CIA acreditava que havia mais agentes da Al-Qaeda dentro dos EUA e que eles pretendiam atacar com armas de destruição em massa.

Nas horas que se seguiram aos ataques, os líderes mundiais receberam instruções de suas agências de segurança sobre quem poderia ter sido o responsável e quais ameaças estavam em curso. Até aquele momento, havia a expectativa de que pudesse haver uma nova onda de ataques. Antes mesmo de o terceiro avião atingir o Pentágono, o chefe da agência de contraterrorismo dos EUA, Richard Clarke, informou que indivíduos conhecidos por terem ligações com a organização de Bin Laden, Al-Qaeda, foram identificados nos manifestos de passageiros dos aviões sequestrados. No mesmo dia, Blair foi informado por Stephen Lander, chefe do MI5 serviço de inteligência britânico, que foi além da suspeita de autoria de Osama bin Laden, indicando também a possibilidade da participação de Estados considerados abrigos de terroristas como Afeganistão, Irã, Iraque, Líbia e Afeganistão.

2.2 – A teoria do mosaico e os combatentes inimigos ilegais

Imediatamente após o 11 de Setembro, a administração Bush apressou-se a julgar que a concepção sobre os atos terroristas como um crime qualquer era inadequada para o mundo pós-11 de Setembro. Quase sem discussão, foi acordado que um novo tipo de inimigo exigia novos tipos de táticas. A utilização de métodos que exigiam provas antes que o Estado pudesse privar um suspeito de sua liberdade passou a ser considerada anacrônica. O contexto que passou a predominar naquele momento levou Michael Rolince, chefe da Seção de Operações de Terrorismo Internacional do FBI, a sentenciar que o "Estado de Direito seria amaldiçoado".

Rolince comparou os métodos operacionais da nova inteligência antiterrorista à forma como se constrói um "mosaico", insistindo que os detentos deveriam permanecer sob custódia porque, embora seus casos pudessem não parecer suspeitos quando analisados isoladamente, eles poderiam fazer parte de um quadro mais geral de atividade terrorista se analisados em um amplo contexto. O que poderia parecer trivial para alguns era de grande importância para quem pertencia ao FBI ou à comunidade de inteligência, explicou Rolince. Embora a declaração juramentada de uma autoridade não constituísse em evidência de qualquer ligação entre o detido cujo caso foi arquivado e quaisquer crimes ou alguma outra razão pela qual ele pudesse ser um perigo para a comunidade, o detido deveria ser mantido sob custódia pelo FBI.

Em suma, a teoria do "mosaico" nega a presunção de inocência e esvazia o direito à liberdade na ausência de provas individualizadas de periculosidade ou do risco de fuga de uma pessoa. O Departamento de Justiça argumentou que o governo dos EUA deveria ser capaz de deter não-cidadãos durante a investigação, mesmo que não tivessem sido acusados de nenhum crime, simplesmente porque não poderia ser descartada a possibilidade de conduta criminosa. Além disso, argumenta que a mera possibilidade de que o detido tenha "informações úteis" deveria justificar sua detenção.

Por mais absurdos que possam parecer os argumentos de Rolince, num Estado de Direito, eles entraram em pleno

CAPÍTULO II - O IMPÉRIO SOB ATAQUE

vigor. Antes do 11 de Setembro, os não-cidadãos acusados de violações técnicas de seus vistos que não tinham antecedentes criminais eram rotineiramente liberados da custódia enquanto aguardavam o processo de deportação, sem caução ou com uma taxa de US$ 500. Osama Elfar, por exemplo, acusado de ter ultrapassado a duração de seu visto, passou 81 dias detido, alguns deles na solitária. Quando o *Immigration and Naturalization Service* (INS) não conseguiu removê-lo do país até o prazo estabelecido pelo juiz de imigração, seu advogado pediu um habeas corpus que obrigou o governo a enviar Elfar de volta para seu país natal, o Egito.

No entanto, após o 11 de Setembro, os juízes de imigração passaram a negar rotineiramente a caução ou estabeleceram valores extraordinariamente altos para não-cidadãos acusados de violações de imigração que foram presos em conexão com a investigação do terrorismo que impossibilitava praticamente sua liberação.

Inicialmente, a decisão judicial estabeleceu uma fiança de US$ 50.000 no caso Al-Maqtari, um cidadão iemenita que foi revistado e detido em uma base militar no Kentucky, no dia 15 de setembro de 2001, sem nenhuma razão declarada. O INS solicitou que ele continuasse detido. O juiz de imigração deu ao INS um período adicional de tempo para apresentar informações mais substantivas para apoiar a elevada caução, mas a agência nunca produziu mais provas além da declaração juramentada de Rolince. Depois que o FBI emitiu um documento declarando ter encerrado a investigação de Al-Maqtari, ele foi liberado com uma fiança de US$ 10.000, que seu advogado ainda considerava muito alta pela suposta violação de Al-Maqtari – dez dias de "presença ilegal" no país enquanto ele mudava de visto de turista para visto patrocinado pelo cônjuge. Al-Maqtari passou 52 dias em detenção, a maioria na solitária.

O novo paradigma começou com um raciocínio aparentemente sensato. O influente assessor do Departamento de Justiça, o professor John Yoo,[22] expôs de forma clara qual era a justificativa para os novos tempos: "quando uma entidade estrangeira para fins políticos pode matar 3.000 norte-americanos e causar bilhões de dólares de prejuízo e tentar eliminar os líderes do governo norte-americano, isso soa como guerra para a maioria das pessoas, não como um crime".[23] Assim, a estratégia era transformar a luta contra o terrorismo de uma questão de justiça criminal para uma guerra militar plena, permitindo assim à CIA e ao Pentágono matar ou capturar e questionar suspeitos terroristas o mais rápido possível, com a maior latitude possível.

A suposição era de que a obtenção de informações precisas e rápidas seria a chave para derrotar os terroristas. Ao privilegiar o interrogatório ao devido processo legal, o governo pretendia antecipar futuros ataques antes que eles se materializassem. A administração proclamou que os tribunais criminais e militares, com seus exigentes padrões de provas e sua ênfase na proteção dos direitos dos réus, incluindo o direito de permanecer em silêncio, não se adequavam mais aos novos tempos. O sistema jurídico norte-americano sempre alardeado para o mundo como um dos maiores méritos do país, foi imediatamente considerado como um fardo.

Sob esta nova perspectiva, o presidente Bush não deu aos suspeitos de terrorismo nem os direitos dos réus criminosos nem os direitos dos prisioneiros de guerra. Ao invés disso, autorizou um novo sistema *ad hoc* de detenção e interrogatório que

---

22 John Yoo era assessor jurídico do Departamento de Justiça na época.

23 YOO, John. *War by other means*: an insider's account of the War on Terror. New York: Atlantic Monthly Press, 2007.

CAPÍTULO II – O IMPÉRIO SOB ATAQUE

operava fora de qualquer corpo de lei previamente conhecido. A administração designou os terroristas como "combatentes inimigos ilegais", cujo tratamento acabaria sendo decidido *ad hoc* pelo próprio presidente. Como Eric Lewis, um especialista em Direito Internacional que representava vários detentos, mais tarde disse: "os advogados da administração criaram uma terceira categoria e os expulsaram da lei".[24]

Em 25 de setembro de 2001, o Departamento de Assessoria Jurídica emitiu uma série de memorandos jurídicos secretos explicando que era prerrogativa do presidente tomar qualquer ação militar que considerasse necessária, incluindo ação preventiva, não apenas em resposta aos ataques de 11 de Setembro, mas também na prevenção de quaisquer ataques futuros de grupos terroristas, estejam eles ligados à Al-Qaeda ou não. Um memorando escrito por John Yoo em estreita consulta com David Addington, chefe de gabinete da vice-presidência dos EUA, assim como o discurso de Bush de alguns dias antes, ultrapassou sem nenhum pudor a linha que o Congresso havia traçado para suas ações constitucionais.

Foi nesta atmosfera de temor, indignação e necessidade de derrotar o terrorismo que um novo sistema de lei foi concebido para vencer o que o presidente Bush descreveu como um novo tipo de inimigo em "uma guerra diferente de qualquer outra". Como parte desse processo, pela primeira vez em sua história, os EUA autorizaram oficiais do governo a "atormentar física e psicologicamente" os prisioneiros detidos.

---

[24] FEDERATION OF AMERICAN SCIENTISTS. "Rendition to torture: the case of Maher Arar". *Federation of American Scientists*, october 18, 2007. Disponível em: https://irp.fas.org/congress/2007_hr/arar.pdf. Acesso em: 17.09.2021.

Os assessores jurídicos do governo também autorizaram outras práticas anteriormente ilegais, incluindo a captura secreta e a detenção indefinida de suspeitos sem acusações, simplesmente designando-os como "combatentes inimigos". O presidente recebeu poderes para suspender *habeas corpus*, que garante a uma pessoa o direito de contestar sua prisão diante de uma autoridade justa e independente. Uma vez sob custódia dos EUA, disseram os assessores do presidente, esses suspeitos poderiam ser mantidos incomunicáveis, escondidos de suas famílias e monitores internacionais, como a Cruz Vermelha, e sujeitos a abusos sem fim, desde que não atendessem à própria definição de tortura dos assessores jurídicos do governo. E poderiam ser mantidos assim pelo tempo necessário durante toda a guerra contra o terrorismo.

O então vice-presidente Dick Cheney desempenhou papel fundamental nessa ruptura institucional. Defensor incondicional da expansão do poder presidencial, ele explicou: "se quisermos ser bem-sucedidos, teremos de trabalhar no lado obscuro, silenciosamente, sem qualquer discussão, usando as fontes e métodos disponíveis para nossas agências de inteligência". Adjacente a esse tipo de pensamento estava a ideia de que seria imprescindível obter informações para antecipar futuros ataques terroristas, e, para isso, não importava quais meios seriam utilizados já que havia um objetivo maior que era proteger as vidas dos norte-americanos. Os maus tratos e tortura praticados em Guantánamo e Abu Ghraib foram consequências dessa nova doutrina forjada logo após o 11 de Setembro.

Os detentos haviam sido descritos pelo Secretário de Defesa Rumsfeld como "entre os mais perigosos, mais bem treinados e assassinos cruéis da face da terra". Todos eles eram "combatentes ilegais" e sem direitos sob a Convenção de Genebra. A decisão de varrer as Convenções de Genebra, e com elas as audiências

CAPÍTULO II - O IMPÉRIO SOB ATAQUE

de status do artigo 5, anteriormente necessárias para cada prisioneiro de guerra, permitiu um poder discricionário ao governo dos EUA nunca visto anteriormente.

2.3 – A reação aos atentados

Houve, em todo o mundo islâmico, efetivamente três tipos diferentes de reação aos atentados do 11 de Setembro: dos chefes de Estado, dos líderes religiosos e da população em geral. Os chefes de Estados aliados dos EUA expressaram sua solidariedade imediatamente e ofereceram todo tipo de cooperação. O que mais surpreendeu foram as fortes condenações aos ataques daqueles que eram considerados inimigos dos EUA como o presidente Mohammad Khatami do Irã e o coronel Muammar Gaddafi da Líbia. Somente o Talibã e o Iraque de Saddam Hussein se negaram a manifestar qualquer tipo de solidariedade. Os talibãs não admitiam que Bin Laden fosse o responsável pelos atentados e a televisão estatal iraquiana declarava que os Estados Unidos mereciam esse ataque por causa de seus "crimes contra a humanidade".

A posição dos clérigos no mundo islâmico era mais delicada. O fato de sua influência depender não tanto de quaisquer qualificações formais ou cargos, mas de pessoas que aceitavam e agiam de acordo com a fatwa[25] os tornava naturalmente mais sensíveis à opinião pública. Entre a posição fortemente

---

[25] Parecer jurídico sobre aplicação da lei islâmica (xaria) dado por um jurista qualificado em resposta a uma pergunta feita por um indivíduo ou governo. Os temas e questões apresentados por Bin Laden nas *fatwas* mostram uma mistura sofisticada de legitimação religiosa para a jihad (através da recuperação seletiva de passagens sagradas do Alcorão e do uso da história

pró-americana tomada pelos governantes e o sentimento mais ambivalente que provinha das ruas, era preciso encontrar um posicionamento adequado. Clérigos próximos ou protegidos por governos, como Mohammed Tantawi, o grande mufti do Egito e Abdullah al-Sheikh da Arábia Saudita, qualificaram os ataques como um "pecado grave" que seria "punido no dia do julgamento". Mas outras personalidades religiosas foram mais matizadas em suas respostas, tentando se equilibrar entre os dois polos, sendo esse o caso de Yusuf al-Qaradawi, que havia tentado dissuadir o Talibã de destruir os Budas de Bamiã.[26] Ele denunciou os ataques do 11 de Setembro como um "crime hediondo" e exortou os muçulmanos a doarem sangue para as vítimas, enfatizando, no entanto, o "favorecimento político dos Estados Unidos em relação a Israel" como motivo do ataque de modo a criticar implicitamente seus perpetradores por terem confundido seus alvos.

Já a reação popular no mundo islâmico foi bastante complexa. De um lado, havia um sentimento de profundo pesar pelas vítimas, mas, ao mesmo tempo, entendiam que se os ataques não eram legítimos em si mesmos, era preciso, pelo menos, compreendê-los dentro de um contexto das ações militares dos EUA nas últimas décadas.

Essas diversas tensões e ambiguidades foram uma das razões da surpreendente rapidez com que as teorias da conspiração surgiram, se espalharam e se tornaram incorporadas ao imaginário popular no mundo islâmico e além dele.

---

muçulmana), juntamente com uma análise política perspicaz das reivindicações muçulmanas no contexto mais amplo do Oriente Médio.

26 Os Budas de Bamiã eram duas estátuas monumentais do século VI de Gautama, esculpidas no lado de um penhasco no vale de Bamiã, no centro do Afeganistão.

CAPÍTULO II - O IMPÉRIO SOB ATAQUE

Embora Yasser Arafat, o líder palestino, tenha expressado indignação com os atentados, inclusive, doando sangue para as vítimas, houve relatos de que palestinos, que moravam nos Territórios Ocupados e em alguns campos de refugiados no Líbano, comemoram o fato. Como sempre acontece com a utilização de cenas de vídeos e o contexto em que são apresentadas, é preciso extrema cautela em não fazer generalizações apressadas como se fossem sentimentos representativos de todo o povo palestino. Acontecimentos isolados passaram a ser utilizados como subterfúgio para inserir grupos políticos ao lado dos terroristas com o intuito de deslegitimar suas reivindicações. Um único retrato de Bin Laden em uma manifestação de apoiadores do Hamas em Gaza foi tomado como prova de simpatia generalizada pelo líder da Al-Qaeda.

Muitos líderes mundiais perceberam imediatamente como os ataques de 11 de Setembro poderiam ser explorados em benefício próprio. Putin foi o primeiro chefe de Estado estrangeiro a ligar para a Casa Branca no dia 11 de Setembro. Desde que chegou ao poder no final da década de 1990, o líder russo iniciou uma repressão violentíssima na república separatista do sul da Chechênia como uma batalha contra o radicalismo islâmico, e não como um conflito secular pela autonomia da região. Ele havia percebido a mudança que agora ocorreria na percepção de qualquer conflito que pudesse envolver militantes islâmicos. Ariel Sharon, o primeiro-ministro de Israel, também foi igualmente rápido em perceber que os ataques, quaisquer que fossem os apelos imediatos dos estadistas de todo o mundo por reconciliação e moderação, sinalizavam uma mudança de paradigma que permitiria a Israel maior liberdade de ação no combate aos militantes palestinos em Gaza e na Cisjordânia com o objetivo de consolidar o domínio israelense sobre os Territórios Ocupados. Sharon instituiu o dia nacional de luto

73

solidário com os Estados Unidos, exortando o mundo a combater todo o terrorismo.

Uma pesquisa realizada pela Gallup, em novembro de 2001, em países[27] de maioria muçulmana mostrou que apenas 18% das pessoas no Oriente Médio acreditavam que os árabes eram responsáveis pelo 11 de Setembro, enquanto 61% negavam essa participação realizada, e 53% disseram ter uma opinião desfavorável dos EUA e 22% uma opinião favorável. A ação militar dos EUA no Afeganistão foi considerada moralmente injustificável em 77% e justificável em 9%.

2.4 – As teorias conspiratórias

As forças de segurança dos EUA tiveram menos de nove minutos de aviso antes do segundo avião atingir o World Trade Center e 25 minutos em relação ao terceiro avião que atingiu o Pentágono. A Guarda Nacional Aérea autorizou a saída de dois aviões de caça F-15 da Base Aérea Otis, no Cabo Cod, Massachusetts, mas era tarde demais para interceptar a aeronave sequestrada.

De certa forma, a explicação para a velocidade com que as teorias da conspiração se espalharam foi a incredulidade diante do fato de que os serviços de segurança da maior potência do mundo não conseguiram evitar os ataques. Muito tem sido escrito sobre o fracasso dos serviços de inteligência, um dos maiores das últimas décadas. Bilhões de dólares foram gastos no sistema de defesa dos EUA e nenhum caça norte-americano conseguiu

---

27 Indonésia, Irã, Jordânia, Kuwait, Líbano, Marrocos, Paquistão, Arábia Saudita e Turquia.

CAPÍTULO II - O IMPÉRIO SOB ATAQUE

interceptar o avião que se dirigia ao Pentágono, considerado um dos lugares mais seguros do mundo?

No final da manhã do dia 11 de setembro de 2001, Heather Lucky Penney se encaminhou para a pista para pilotar um F-16 com a missão de derrubar o avião da United Airlines 93. Detalhe: o seu F-16 nem sequer ia armado; não tinha munições nem mísseis para atingir o Voo 93. Segundo a piloto, a alternativa era provocar um choque com as asas de seu caça! Já o F-16, que deveria interceptar o Boeing, que se dirigia para proteger o Pentágono – notem bem – chegou minutos depois!

Há uma série de teorias conspiratórias completamente estapafúrdias, mas que são constantemente utilizadas justamente para desacreditar todo e qualquer e desvio da "História Oficial". Não se pode incluir nessa série, entretanto, dois dos principais representantes da imprensa conservadora nos EUA: William Safire e Robert Novak.

No dia 13 de setembro, Novak escreve no The New York Post ("Beyond Pearl Harbor") que especialistas em segurança aérea e autoridades concordaram, reservadamente, que o sequestro simultâneo de quatro aviões revelava que havia agentes infiltrados,[28] indicando, provavelmente, cumplicidade além de má-fé de pessoas infiltradas nas organizações de inteligência. O que, segundo suas próprias palavras, tornam "ainda mais sinistras as consequências nacionais desta terça-feira" – 11 de Setembro.

Escrevendo no mesmo dia no New York Times, com chamada na primeira página, William Safire ("Inside the Bunker") lamentava ter criticado duramente o presidente Bush, um dia antes, por ter se refugiado num abrigo nuclear e não ter ficado

---

[28] A expressão em inglês utilizada no artigo era "inside job".

na Casa Branca. De acordo com Safire, um "alto funcionário da Casa Branca" (Karl Rove) disse-lhe que a mensagem de ameaça de morte recebida pelo serviço secreto foi retransmitida para os agentes dizendo que o Air Force One (avião presidencial) seria o próximo. Além disso, a mensagem utilizava códigos secretos mostrando conhecimento dos procedimentos de segurança pessoal do presidente Bush. Esse conhecimento de palavras cifradas e do paradeiro presidencial, escreve Safire, "indica que os terroristas podem ter um espião na Casa Branca ou informantes no Serviço Secreto, FBI, CIA". E, por fim, conclui sua concatenação dos fatos: "se assim for, a primeira coisa que a nossa guerra contra o terror necessita é uma ação contra espionagem do tipo Angleton"[29] (um dos mais importantes agentes da contra inteligência norte-americana entre 1951 e 1973).

A história de uma possível infiltração dentro dos serviços de inteligência da Casa Branca é um dos grandes mistérios não resolvidos de 11 de Setembro. Como os terroristas adquiriram conhecimentos para enviar uma ameaça diretamente ao Serviço Secreto? Por que a surpreendente revelação de Safire não provocou uma investigação do Congresso? Por que nem mesmo blogs de todos os perfis ideológicos, *think tanks*, jornais, tratam dessas informações? Por que há um silêncio sepulcral sobre esses dois artigos? Questões difíceis de serem respondidas, mas que indicam, de toda forma, algo que o *mainstream* nos EUA sempre teve receio de dizer abertamente e que se tornou mais proibitivo depois do 11 de Setembro é que há um movimento terrorista nativo nos EUA. Muitos deles estão dentro das estruturas do Estado.

---

[29] SAFIRE, William. "Inside the bunker". *The New York Times*, 13 de Setembro de 2001. Disponível em: https://www.nytimes.com/2001/09/13/opinion/essay-inside-the-bunker.html. Acesso em: 17.09.2021.

CAPÍTULO II - O IMPÉRIO SOB ATAQUE

2.5 – Quem eram os terroristas?

Em julho de 2001, os terroristas da Al-Qaeda já se encontravam nos Estados Unidos fazendo treinamentos para o ataque. O líder da célula era o egípcio Mohammed Atta, que se juntou a extremistas islâmicos radicais no início dos anos 90, enquanto estudava na Alemanha. A mesquita que frequentava foi fundada, em 1993, em Hamburgo e se tornou rapidamente um centro para o Islã radical, conhecida como "célula de Hamburgo" da Al-Qaeda. Atta viajou para o Afeganistão ainda na década de 1990, onde conheceu Bin Laden e Khalid Sheikh Mohammad, que foi responsável pelo seu recrutamento para a realização dos atentados. Depois de fazer seu treinamento de voo nos EUA, em 2000, Atta ajudou a coordenar a chegada dos outros sequestradores e toda a logística da operação. Ele viajou para a Espanha, em julho de 2001, e se reuniu com líderes da Al-Qaeda, que lhe deram a aprovação final.

Quinze dos dezenove sequestradores eram da Arábia Saudita, dois eram dos Emirados Árabes Unidos, um era do Líbano e um do Egito. A maioria havia recebido algum treinamento nos campos da Al-Qaeda no Afeganistão e alguns haviam lutado ao lado do Talibã ou com rebeldes bósnios e chechenos. Quase todos eles frequentaram universidades e vieram da classe média alta em seus respectivos países. Todos manifestaram desilusão com seus governos locais e com a influência dos EUA e de países europeus em suas regiões.

Um grupo de sequestradores era geralmente referido como a "célula de Hamburgo" que incluía três dos quatro pilotos: além de Mohammed Atta, Ziad Jarrah e Marwan al-Shehhi. Todos chegaram separadamente à Alemanha entre 1992 e 1996, e se conheceram por meio de amigos mútuos. Frequentavam sobretudo a mesquita de al-Quds, no centro de Hamburgo, que era conhecida por abrigar radicais islâmicos, independentemente de qualquer contato com Bin Laden.

Mohammed Atta nasceu em 1968 na cidade de Kafr el--Sheikh, no delta do Nilo. Seu pai veio de uma família agrícola provinciana relativamente próspera, ingressou na Universidade do Cairo e formou-se advogado. Quando Atta tinha dez anos, a família mudou-se para o Cairo, ocupando um grande apartamento em um dos bairros mais pobres da cidade. Suas duas irmãs frequentaram a universidade e não usavam véu, o que denotava um comportamento familiar distante do radicalismo. O pai de Atta não parece ter se envolvido com a Irmandade Muçulmana, apesar de se adequar ao perfil – com sua formação provinciana, profissão de classe média, frustrado com a falta de perspectiva de ascensão social e um forte ressentimento com a elite egípcia.

Embora a Irmandade Muçulmana e os grupos mais radicais, como al-Gama'a al-Islamiyya e a jihad islâmica, fossem ativos no campus do Cairo e especialmente fortes em faculdades de ciências exatas, não há evidências de que Atta ou seu pai estivessem envolvidos em qualquer tipo de ativismo político ou religioso, mesmo durante o recrudescimento da violência islâmica no país que se seguiu ao fim da guerra contra os soviéticos no Afeganistão. Em julho de 1992, Atta chegou a Hamburgo para cursar doutorado em um curso de pós-graduação em planejamento urbano. As lembranças de colegas e professores é de uma pessoa retraída, meticulosa e trabalhadora.

Em 1995, Atta ganhou uma bolsa de estudos para retornar ao Cairo e participar de projetos do governo egípcio para "restaurar" uma área histórica que resultou na expulsão de seus habitantes, um claro processo de gentrificação. Atta responsabilizou a ocidentalização e a proximidade das elites egípcias com

CAPÍTULO II - O IMPÉRIO SOB ATAQUE

os EUA com o objetivo de criar uma "Disneylândia islâmica" no coração de uma das cidades mais famosas do mundo muçulmano.

Conhecidos de Atta no Cairo lembram-se de que ele ficou furioso, manifestando preocupações essencialmente políticas, comuns entre ativistas de países na periferia do sistema internacional. Segundo disseram seus colegas, Atta manifestava um poderoso apelo por "justiça social" e um forte apelo contra as desigualdades da sociedade egípcia. Ele estava particularmente preocupado com a completa desconsideração dos problemas sociais manifestada pela elite egípcia, criticando repetidamente funcionários do governo e políticos por se concentrarem em suas carreiras e no enriquecimento de suas famílias acima de tudo.

No início de 1998, ele teria viajado para o Afeganistão, provavelmente para o campo de treinamento da Al-Qaeda junto com um ex-banqueiro iemenita de 26 anos chamado Ramzi bin al-Shibh, que havia chegado à Alemanha cerca de dois anos antes e fazia parte do mesmo círculo de amigos e ativistas em Hamburgo. Atta e os outros estavam no Afeganistão em um momento importante. Em fevereiro de 1998, Bin Laden emitiu sua fatwa conclamando os muçulmanos a matar norte-americanos, e os atentados à embaixada aconteceriam apenas alguns meses depois.

Existem interpretações diferentes sobre como a célula de Hamburgo foi formada e como evoluiu, culminando no seu envolvimento com os ataques de 11 de Setembro. Mas, independentemente disso, o fato é que os esses quatro obtiveram passaportes novos, apagando os selos reveladores de seus caminhos pelos países do Golfo Pérsico e Paquistão. Em seguida, eles começaram a obter vistos norte-americanos enquanto Atta pesquisava escolas de aviação. Em 26 de março, Jarrah se inscreveu em uma escola de aviação em Venice, Flórida. No final de junho de 2000, Atta, al-Shehhi e Jarrah haviam chegado à América. Eles não foram os primeiros sequestradores a chegar aos EUA, outros já se encontravam lá.

Uma outra questão que chamou bastante atenção à época era saber quem eram esses "radicais islâmicos" não apenas em relação às suas trajetórias pessoais, mas como a escolha desses caminhos poderia ser compreendida pelo perfil em termos de grupos sociais. Três elementos foram imediatamente notados. O primeiro era a idade, de 18 a 28 anos na sua maioria, o que os colocou claramente no grupo "boom da juventude" visto em todo o mundo islâmico no final dos anos 90. Eram os filhos do boom econômico no Oriente Médio alimentado pela alta dos preços do petróleo que se seguiu à guerra árabe-israelense de 1973. Cada etapa de suas vidas havia sido marcada por um novo e amplo desenvolvimento ideológico. Suas primeiras lembranças teriam sido de uma época em que as ideias do nacionalismo árabe eram intensamente questionadas de forma inédita. Esses jovens tinham crescido durante os anos 80, década que presenciou o islamismo político chegar à idade adulta como uma ideologia de massa em seus países de origem, particularmente quando as ideologias de esquerda foram desacreditadas pelo colapso da União Soviética.

Esses jovens chegaram a idade adulta exatamente no momento em que as insurreições violentas do início dos anos 90 começaram a encontrar dificuldades. Os combatentes que estiveram nos campos do Afeganistão entre 1998 e 2001 presenciaram o fracasso dos regimes políticos oriundos do nacionalismo árabe, a ascensão do islamismo moderado dos grupos de oposição e, finalmente, o radicalismo islâmico internacionalista.

O segundo fator marcante foi o grande número de voluntários que se dirigiu ao Afeganistão no final dos anos 90,

CAPÍTULO II - O IMPÉRIO SOB ATAQUE

constituído por imigrantes ou por seus filhos. Este deslocamento poderia ser internacional, como foi o caso da chamada "célula de Hamburgo" organizada pelo líder dos atentados do 11 de Setembro, Moahmmed Atta, ou por migração interna, das áreas rurais para as urbanas. A família de al-Bahlul, o jovem que havia lutado para montar a televisão para Bin Laden assistir ao vivo os ataques do 11 de Setembro, fez, como dezenas de milhões de outros no mundo islâmico nas décadas anteriores, a transição do campo para a cidade. Em seu caso, de uma pequena aldeia no Iêmen para Sanaa, a capital, e depois foi morar na Arábia Saudita. O pai de Bin Laden havia feito uma viagem semelhante, deixando a região de Hadramawt no Iêmen para a cidade mais cosmopolita da Arábia Saudita, Jeddah. Havia uma infinidade de exemplos semelhantes aos dos três dos pilotos sequestradores no dia 11 de Setembro que haviam emigrado cidades do Ocidente. Em todos os casos, tal deslocamento implicava uma mudança significativa em termos de meio ambiente, de códigos e tradições sociais, bem como a necessidade de encontrar um novo conjunto de valores e modos de comportamento e de integração.

O terceiro fator foi a nova onda de antiamericanismo que percorreu o mundo islâmico nos anos 90. Apesar de ter havido outros momentos de mobilização de sentimentos anti-EUA, a hegemonia norte-americana pós-Guerra Fria desencadeou uma nova forma de rejeição. Este sentimento antiocidental, que muitas vezes estava associado a uma variedade de sentimentos religiosos revivalistas, foi reforçado pelas novas tecnologias emergentes nos anos 90, permitindo que alguém como Bin Laden chegasse a um amplo público diretamente, sem se arriscar praticando ativismo político no terreno. Também acelerou um processo, visto fora do mundo islâmico, como de construção e consolidação de novas identidades, muitas vezes profundamente conservadoras, comunitárias e sectárias, instaurando um sentido de solidariedade sem precedentes dos muçulmanos no mundo inteiro.

A maior parte dos voluntários que chegaram ao Afeganistão, na década de 1990, veio de países como Arábia Saudita, Jordânia, Egito e Argélia – cujos governos receberam apoio significativo do Ocidente. Como vimos no capítulo anterior, as elites desses países islâmicos eram aquelas que mais se associavam às elites e governos ocidentais. Mesmo que a questão dos valores ocidentais não estivessem de alguma forma na raiz de todos os problemas, como frequentemente é argumentado, as políticas e a linguagem dos países ocidentais ajudaram os militantes a "enquadrar" os problemas do mundo e suas próprias reivindicações dentro de uma narrativa simples e persuasiva sobre o sofrimento dos muçulmanos nas mãos de um ocidente beligerante e imperialista.

2.6 – Uma nova guerra contra um novo inimigo

A estratégia escolhida pelo presidente Bush – explicitada na frase que marcou sua gestão, "Guerra Global contra o Terror" – levou cerca de uma semana para ser claramente formulada e consistia numa luta contra o terrorismo internacional definida de forma ampla, ou seja, contra "a violência premeditada e politicamente motivada perpetrada contra alvos não combatentes por grupos subnacionais ou agentes clandestinos".[30] Ao definir a ameaça em termos genéricos, a administração esperava desviar as alegações de que a guerra global contra o terrorismo visava apenas um inimigo em particular.

---

[30] U.S. DEPARTMENT OF STATE. "Glossary". *U.S. Department of State*, 2001. Disponível em: https://2001-2009.state.gov/s/ct/info/c16718.htm. Acesso em: 17.09.2021.

CAPÍTULO II - O IMPÉRIO SOB ATAQUE

Esta indefinição, na verdade, era proposital já que o argumento implícito era de que se tratava de uma guerra de civilizações, o ápice de um longa guerra do Islã contra o Ocidente que se iniciou nas décadas anteriores. É imperativo distinguir entre o Islã, uma religião com mais de um bilhão de fiéis, e o islamismo político, uma ideologia moderna de base religiosa cujos seguidores mais radicais, a imensa maioria, muitas vezes adotam métodos com uso de violência.

Embora houvesse uma necessidade de se mostrar apolítica, acima das ideologias, a doutrina da guerra ao terrorismo criou enorme confusão conceitual, pois o terrorismo é, afinal de contas, uma tática que pode ser empregada por diferentes grupos para perseguir objetivos distintos, independentemente da ideologia que o motiva. A proposição de que os EUA e seus aliados estavam envolvidos em uma guerra de ideias com o islamismo radical ganhou força dentro da administração Bush e mais amplamente entre os círculos acadêmicos e de setores de segurança.

Em setembro de 2002, a Estratégia de Segurança Nacional declarou que, juntamente com sua resposta militar, os EUA deveriam "travar uma guerra de ideias" contra o terrorismo internacional "para assegurar que as condições e ideologias que o promovem não encontrem terreno fértil em nenhuma nação". Os EUA, portanto, deveriam lutar para "diminuir as condições subjacentes que geram o terrorismo" usando todos os meios possíveis para coibir os "patrocinadores do terrorismo global".

A categoria "Patrocinadores Estatais do Terrorismo" deriva do conceito de "rogue states", criado pelas agências de segurança, durante o governo Clinton, para designar um grupo de Estados, Irã, Iraque, Cuba, Síria, Coréia do Norte, Paquistão, Afeganistão, Líbia e Sudão, que agiam de forma irracional. A interpretação do establishment era de que as duas categorias, grupos terroristas e Estados patrocinadores de terrorismo, possuíam uma relação simbiótica benéfica a ambos. Enquanto os grupos terroristas se beneficiaram do fornecimento de dinheiro, treinamento, armas e assistência logística de seus patrocinadores estatais, os Estados usufruíram o fato de ter terceiros para fazer suas ações armadas sem a exposição pública. Pois, dessa forma, esses Estados poderiam atacar seus inimigos, por intermédio de terceiros, sem expor o uso de seus serviços de inteligência ou de forças especiais, evitando o desgaste frente à comunidade internacional e permitindo argumentar de acordo com "negação plausível".[31]

A partir da derivação dos Estados Patrocinadores de Terrorismo, construiu-se um dos principais pilares da política antiterrorista dos EUA: a categoria dos Estados falidos, aqueles nos quais o governo não tem o monopólio da violência dentro de suas fronteiras, ou possuem áreas "sem governo", que proporcionam aos terroristas um "refúgio seguro" para atacar outros países, seja por sustentar as ações terroristas seja por ser incapaz de se contrapor a essas. Trata-se de uma mudança na percepção de ameaça, já que os principais problemas de segurança não estariam mais localizados nos Estados considerados mais poderosos, mas sim naqueles Estados em crise ou colapso. Refletindo sobre esse processo, o celebrado cientista político Francis Fukuyama denominou de a grande inversão histórica, pois, a partir desse momento, os mais fracos eram vistos como mais ameaçadores do que os mais fortes.

---

[31] A negação plausível se refere ao ato – tipicamente altos funcionários de uma cadeia de comando formal ou informal – de negar o conhecimento ou a responsabilidade por quaisquer ações condenáveis cometidas por outros numa hierarquia organizacional devido à falta ou à ausência de provas que possam confirmar sua participação, mesmo que estivessem pessoalmente envolvidos ou pelo menos intencionalmente ignorantes das ações.

CAPÍTULO II – O IMPÉRIO SOB ATAQUE

Por outro lado, a articulação entre grupos terroristas e Estados falidos cumpria a importante função, na perspectiva político-militar, de inserir o terrorismo organizado em redes transnacionais dentro das fronteiras do Estado-Nação, tornando possível uma ação militar nos moldes convencionais. Por meio dessa interpretação, associando Estados falidos a ação dos grupos terroristas, o Afeganistão entrou na mira dos Estados Unidos.

Muito embora o Afeganistão estivesse associado ao 11 de Setembro por ter servido como residência de Bin Laden e base de operações para a Al-Qaeda, o fato é que os ataques foram planejados em vários países diferentes, com os principais terroristas operando livremente dentro do próprio EUA, como explicado anteriormente. Como revelou o Relatório da Comissão do 11 de Setembro, publicado em 2004 e que consiste no documento mais completo sobre a forma pela qual a trama inicial do 11 de Setembro foi concebida e planejada, o Afeganistão foi apenas uma peça dentro do planejamento mais amplo, concebido por Khalid Sheikh Mohammed em 1993, quando morava no Qatar.

Ainda segundo o Relatório, o planejamento antecipado do ataque não era sequer uma operação da Al-Qaeda. Sheikh Mohammed refinou seus planos para o que mais tarde se tornaria os ataques de 11 de Setembro a partir de conversas que teve em suas viagens globais entre 1993 e 1996 em países como Sudão, Iêmen, Malásia e até o Brasil. Houve apenas um único encontro com Bin Laden em Tora Bora, no Afeganistão, em 1996.

Ou seja, o planejamento para o 11 de Setembro pode ter acontecido no Paquistão, Malásia, Chechênia, Filipinas, ou dezenas de outras nações que tinham células da Al-Qaeda. Na verdade, grande parte do planejamento operacional foi realizado na Alemanha e no próprio Estados Unidos. O enredo do 11 de Setembro foi concebido por um grupo de pessoas com intensa mobilidade internacional, com acesso a esconderijos em vários países em um ambiente de segurança permissiva para o terrorismo em várias partes do mundo. Portanto, é preciso ressaltar que os preparativos mais importantes para o 11 de setembro de 2001 não ocorreram em campos de treinamento no Afeganistão, mas, ao contrário, em apartamentos na Alemanha, quartos de hotel na Espanha e escolas de voo nos EUA. Nas últimas duas décadas, grupos terroristas internacionais prosperaram explorando a globalização e a tecnologia da informação, o que diminuiu, na mesma proporção, sua dependência de refúgios territoriais.

A noção de que os terroristas precisam de território e privacidade para lançar seus ataques ao Ocidente continuou a ser repetida nos atentados terroristas em Madri, em 2004, Londres, em 2005, Paris, em 2015, Bruxelas e Istambul em 2016. Mas, nenhum desses atos necessitou de uma base territorial, nem seus planos foram coordenados por um grupo em outro país.

Assim, apesar de não ter nenhuma análise convincente demonstrando a dependência da Al-Qaeda a qualquer apoio de um Estado para fornecer recursos ou serviços de inteligência, a facilidade com que seus membros se deslocaram internacionalmente sugere que alguns regimes foram, no mínimo, condescendentes com suas movimentações como forma de retribuição por não ter ataques em seu território.

2.7 – Um novo terrorismo?

As preferências dos terroristas por tecnologia convencional, por alvos simbólicos, por ações espetaculares e até mesmo por ataques suicidas, bem como a motivação política impulsionada por princípios religiosos não eram propriamente características

CAPÍTULO II - O IMPÉRIO SOB ATAQUE

inéditas na história do terrorismo. Contudo, com o 11 de Setembro, pela primeira vez, os terroristas mataram um número muito grande de pessoas, comparável apenas às baixas de guerras. Até então, repetia-se, com frequência, a afirmação do analista de segurança Brian Jenkins que, em 1974, definiu: "os terroristas querem muita gente assistindo, não muita gente morta". Isso porque o principal objetivo do terrorismo sempre foi o de causar um impacto psicológico maior do que o ato físico real.

Entretanto, seria preciso uma ação bastante espetacular a fim de impressionar um grupo tão vasto e disperso de pessoas, e este foi o objetivo da Al-Qaeda com o 11 de Setembro.

Para se ter uma ideia, durante o ano anterior, em 2000, 405 pessoas foram mortas no mundo por atentados terroristas, sendo dezenove cidadãos norte-americanos. Um salto de 400 para 3.000 em um único atentado é bastante significativo para qualquer padrão. Até o 11 de Setembro, o atentado terrorista dentro dos EUA que havia causado o maior número de mortos ocorreu no dia 19 de abril de 1994 em Oklahoma City, com 168 pessoas mortas, incluindo dezenove crianças, realizado por um norte-americano, ex-fuzileiro naval, de 26 anos, Timothy McVeigh.

Outro atentado que causou impacto nos EUA e não tem sido lembrado com frequência, aconteceu no dia 23 de outubro de 1983, quando um homem-bomba lançou um caminhão com 2.000 kg de explosivos em um quartel do Corpo de Fuzileiros Navais dos Estados Unidos no Aeroporto Internacional de Beirute. A explosão matou 220 fuzileiros, dezoito marinheiros e três soldados. Alguns minutos depois, um caminhão entrou no porão do quartel dos paraquedistas franceses, ao lado dos norte-americanos, matando mais 58 pessoas. Quatro meses após o bombardeio, as forças norte-americanas deixaram o Líbano sem retaliação.

Comparável à escala do 11 de Setembro, apenas o ataque japonês à frota do Pacífico em Pearl Harbor, em 7 de dezembro de 1941, que resultou na morte de 2.403 militares norte-americanos e 68 civis. Nos atentados de 2001, no entanto, as vítimas, com exceção de algumas das 125 pessoas mortas no Pentágono, eram todas civis.

Mas, além da escala do ataque, a natureza da violência também era diferente do que havia sido experimentado anteriormente e, num primeiro momento, parecia completamente além dos limites da compreensão até porque não houve nenhuma mensagem posterior de autoria nem, muito menos, reivindicação dos atentados. Assim, apesar de existirem precedentes de ataques a cidadãos norte-americanos, esses aconteciam quase que exclusivamente no exterior e não nos principais símbolos do poderio econômico e militar dos EUA, o que conferiu uma percepção ainda maior da grandiosidade do ato. As Torres Gêmeas do World Trade Center em Nova Iorque eram ícones da força econômica norte-americana enquanto que o alvo seguinte, o Pentágono, representava o poderio militar dos EUA e o último alvo, presumivelmente a Casa Branca ou o Capitólio, que possui grande valor político, mas não foi atingido pois o avião sequestrado caiu na Pensilvânia.

Em termos concretos, os poderes econômico, militar e político dos EUA saíram ilesos dos atentados do 11 de Setembro, mas essa conjunção fez com que os atentados causassem uma profunda sensação de vulnerabilidade não apenas na população norte-americana, mas em todo o mundo. Já se disse, com razão, que as Relações Internacionais são, até certo ponto, efetivamente o que as pessoas acreditam que elas sejam e que, sob certas

CAPÍTULO II - O IMPÉRIO SOB ATAQUE

condições, os homens reagem não às coisas reais, mas às ficções que eles próprios criam em torno delas. Assim, pode-se dizer que a maior mudança ocorrida em 11 de Setembro não estava propriamente nos ataques, mas, fundamentalmente, na reação dos EUA aos atentados.

Para o vice-presidente, Dick Cheney, que se destacava entre as lideranças políticas em interpretar os sentidos dos acontecimentos, o 11 de Setembro: "mudou a maneira como pensamos sobre as ameaças aos Estados Unidos. Mudou sobre nosso reconhecimento de nossas vulnerabilidades. Mudou em termos do tipo de estratégia de segurança nacional que precisamos perseguir, em termos de garantir a segurança e a proteção dos EUA".[32] Tony Blair fazia referência a um "novo terrorismo global" que "não era movido por um conjunto de demandas políticas negociáveis, mas sim pelo fanatismo religioso".[33]

Foi assim que ganhou força o conceito do "novo terrorismo", também denominado terrorismo religioso ou catastrófico relacionado diretamente às motivações religiosas, e passou a ser utilizado para explicar a atitude dos grupos radicais islâmicos. O suicídio aparecia como a característica mais proeminente desse novo terrorismo. Os vídeos dos terroristas suicidas proclamando a glória de seu martírio seriam, para o *mainstream*, a prova cabal da predominância das motivações religiosas preponderando sobre a política e, como consequência, a ausência de qualquer tipo de limites éticos.

---

[32] CHENEY, Dick. "Remarks by the Vice President at McChord Airforce Base, 22 December". *The White House*, 2003. Disponível em: www.whitehouse.gov/news/releases/2003/12/2003 1223-1. Html. Acesso em: 17.09.2021.

[33] THE GUARDIAN. "Full text: Tony Blair's speech". *The Guardian*, março, 2004. Disponível em: https://www.theguardian.com/politics/2004/mar/05/iraq.iraq. Acesso em: 17.09.2021.

Os líderes terroristas sabiam que o uso da religião era extremamente útil para legitimar suas ações, além de ser conveniente para ganhar adeptos para sua causa, apresentando a existência de um conflito em termos de um tipo de guerra cósmica. Eles queriam que seus seguidores aparecessem como combatentes divinamente inspirados, esperando recompensas após a morte e, portanto, pessoas preparadas para pagar um custo considerável neste caso.

Embora fosse fato de que os EUA estivessem enfrentando novos desafios, havia, por parte das autoridades governamentais, uma interpretação propositadamente exagerada sobre esse caráter supostamente inédito das novas percepções sobre as ameaças terroristas. Dizer que era algo impensável, era um tipo de satisfação para a opinião pública explicar o porquê de não estarem preparados. Foram realizadas várias pesquisas a partir de um banco de dados com todos os casos de terrorismo suicida ocorridos entre 1980 e 2003 (315 ataques no total), num universo de 462 terroristas. Ao contrário do que se esperava, a maioria dos perpetuadores (57%) era laica e 43% eram religiosos. De forma geral, a maioria apresentava um bom nível de formação educacional, não era miserável e nem sofria de problemas psicológicos. Mas quase sempre se constatava que o relato de alguma forma humilhação vivenciada pelos jovens aparecia como o principal fator para aliciar os suicidas.

Apesar de as autoridades do governo procurarem sempre deixar claro em seus pronunciamentos públicos que a Al-Qaeda não falava em nome dos islâmicos e que os ensinamentos do Islã eram pacíficos, o presidente Bush alimentava, implicitamente, a tese do choque de civilizações. Nas palavras do presidente: "o objetivo (Al-Qaeda) não é ganhar dinheiro; e sim reordenar o mundo – impondo crenças radicais às pessoas em todos os

CAPÍTULO II – O IMPÉRIO SOB ATAQUE

lugares. [...] Estes terroristas matam não apenas para acabar com vidas, mas para perturbar e tentar eliminar um modo de vida".[34]

A opinião de que havia de fato um choque de civilizações prevalecia, implícita ou explicitamente, em entrevistas, reportagens e artigos. Esse modo de vida a que se referia o presidente era o modo de vida ocidental. Novamente, assim como na questão relacionada aos valores, essa perspectiva de choque de civilizações não se sobressaia na opinião pública norte-americana. Um pesquisa realizada, um mês após os atentados, constatou que apenas 28% dos norte-americanos pensavam que havia um conflito entre o Ocidente e o Islã.

Mesmo antes de 11 de Setembro, era comum ouvir de membros do governo, a pergunta que se tornou célebre nos meios de comunicação após os atentados: "Por que eles nos odeiam?" A resposta também era a mesma de antes, mas agora era muito mais intensa e vigorosa, embalada por um sentimento de indignação e arrogância: "eles nos odeiam porque amamos a liberdade, porque amamos a democracia". Mas é interessante notar que os analistas, os membros do governo e da mídia, em geral, nunca se propuseram a colocar como hipótese se, de fato, o que eles odiavam não eram as políticas dos EUA no Oriente Médio?

De acordo com o presidente Bush, a "América foi alvo de ataques porque somos o farol mais brilhante para a liberdade e a oportunidade no mundo. [...] E ninguém vai impedir que essa luz brilhe. Hoje nossa nação viu o mal, o pior da natureza

---

[34] TERRA. "Confira na íntegra o discurso de Bush após os ataques de 11/9".Trad. Paulo Migliacci. *Terra*, [S.I.]. Disponível em: https://www.terra.com.br/noticias/mundo/estados-unidos/confira-na-integra-o--discurso-de-bush-apos-os-ataques-de-119,50fb27721cfea310VgnCL-D200000bbcceb0aRCRD.html. Acesso em: 17.09.2021.

humana. [...] Nossos inimigos assassinam porque desprezam nossa liberdade e nosso modo de vida".[35]

Mas cabe notar que mesmo no auge de uma intensa campanha midiática que reforçava o tom do discurso governamental, o público norte-americano revelava uma opinião mais equilibrada. Em uma pesquisa realizada uma semana após os ataques do 11 de Setembro, o público norte-americano respondia à pergunta: "dentre os motivos pelo qual fomos atacados, qual você acha que é o principal?", 20% responderam: "nossos valores e nosso modo de vida". Mas, 22% responderam que era o apoio dos EUA a Israel; 17% avaliaram que era a influência dos EUA nos países do Oriente Médio, e 11% responderam que era devido ao poder econômico e militar dos EUA. Ou seja, pelo menos 50% das respostas apontaram para a existência de alguma razão política para a causa dos ataques.

Um dos principais componentes do terrorismo é de natureza psicológica. Como foi apontado anteriormente, os terroristas são invariavelmente mais fracos militarmente do que seus oponentes, por isso tentam compensar esta fraqueza com um efeito de percepção de superioridade. Os terroristas apareciam como alguém poderoso que teve sucesso em infligir grandes números de mortos em um único dia, além de mostrar a destruição de símbolos poderosos. Foram ainda mais bem-sucedidos em provocar uma reação ainda mais poderosa do que os danos que infligiram. A discrepância entre os danos que infligiram e o impacto que causaram foi considerável, assim conseguiram

---

[35] THE WHITE HOUSE. "Statement by the President in his address to the Nation". *The White House*, 2001. Disponível em: https://georgewbush--whitehouse.archives.gov/news/releases/2001/09/20010911-16.html. Acesso em: 17.09.2021.

CAPÍTULO II - O IMPÉRIO SOB ATAQUE

convencer os norte-americanos de que o mundo havia mudado e que a população norte-americana não estava mais segura.

Três mil mortes foi um número terrível, mas em um país que sofreu 30.000 suicídios e 16.000 homicídios no mesmo ano, uma reação mais moderada poderia ter sido esperada. A diferença na reação é devida em parte ao efeito do espetáculo proporcionado pelas repetições das cenas de destruição e o pavor das pessoas ampliado pela mídia.

Houve dois aspectos da violência da Al-Qaeda, em particular, que deixaram os norte-americanos pensando que de fato o mundo tinha mudado e que eles teriam de ter uma resposta diferente em relação a isso. O primeiro era a sensação de que a organização era impulsionada por fanáticos religiosos irracionais, de modo que seu comportamento provavelmente seria tanto imprevisível quanto irrestrito. Estratégias políticas como a destruição mútua assegurada (MAD)[36] tinham funcionado contra a União Soviética, pois o pressuposto era que o inimigo naquele momento se comportava de modo racional e poderia ser dissuadido a fazer cálculos do mal maior. Mas, alguém que dá a vida para a própria causa poderia ser dissuadido? Relacionado à questão anterior, o temor adquire novas dimensões. Se é verdade que os terroristas queriam matar o maior número possível de pessoas, eles não teriam hesitado em usar armas de destruição em massa contra os Estados Unidos.

Tratava-se de uma situação um tanto quanto paradoxal. Apesar de ser um ataque em que os instrumentos utilizados eram utensílios rústicos, sem o uso de inovação tecnológica, a mídia, analistas e autoridades ressuscitaram o medo do uso de armas de destruição em massa pelos terroristas. Nas palavras do

---

[36] *MAD* é a sigla em inglês de *Mutual Assured Destruction.*

presidente Bush: "na Guerra Fria, as armas de destruição em massa eram consideradas armas de último recurso, pois havia o risco de destruição até daqueles que as usavam. Hoje, nossos inimigos veem as armas de destruição em massa como armas de escolha".[37]

Após o 11 de Setembro, esses temores se tornaram endêmicos, com a maioria das autoridades dizendo que era simplesmente uma questão de tempo. O termo "armas de destruição em massa", ou, mais frequentemente, "ADM", é usado para descrever três tipos de armas completamente distintas entre si, em sua letalidade, em sua novidade, na facilidade de sua implantação e em sua utilidade para os terroristas, resultando em tipos muito diferentes de ameaças: químicas, biológicas e nucleares.

Ao responder aos ataques de 11 de Setembro, os norte-americanos optaram por aceitar a linguagem da Al-Qaeda de uma guerra cósmica e se situar na mesma natureza do conflito, em vez de responder com base em uma avaliação objetiva de seus recursos e capacidades em relação às organizações. Pesquisas de opinião pública nos meses após o 11 de Setembro atestam o medo generalizado de um ataque iminente contra os Estados Unidos usando armas de destruição em massa. Perguntados em setembro de 2001 e novamente dois meses depois se achavam que Bin Laden tinha acesso a armas de destruição em massa, 63% dos norte-americanos responderam "sim".

---

[37] U.S. DEPARTMENT OF STATE. "U.S. National Security strategy: prevent our enemies from threatening us, our allies, and our friends with weapons of mass destruction". *U.S. Department of State*, 2002. Disponível em: https://2001-2009.state.gov/r/pa/ei/wh/15425.htm. Acesso em: 17.09.2021.

CAPÍTULO II - O IMPÉRIO SOB ATAQUE

O secretário de Defesa, Donald Rumsfeld, alertava que se um terrorista poderia atacar a qualquer momento, em qualquer lugar, usando qualquer técnica, então argumentava que era fisicamente impossível se defender a todo momento em todos os locais. Ao detalhar sua explicação, Rumsfeld esboçava os princípios doutrinários da guerra preventiva:

> ... a única maneira de se defender contra indivíduos, grupos, organizações ou países que possuem armas de destruição em massa e estão empenhados em usá-las contra você [...] é fazer um esforço para encontrar essas redes globais e lidar com elas como os Estados Unidos fizeram no Afeganistão.[38]

Neste, como em outros quesitos, por mais contraditório que possa ser, os líderes da Al-Qaeda e dos EUA se assemelhavam na argumentação, embora com propósitos diferentes. Bin Laden, que compreendia perfeitamente o importante papel da comunicação enquanto arma do terrorismo, cuidava de explorar habilidosamente os medos dos norte-americanos.

Em uma entrevista à televisão Al-Jazeera em 1998, o jornalista perguntou a Bin Laden se eram verdadeiras as notícias de que ele procurava adquirir armas nucleares, químicas e biológicas. Não respondeu se sim ou não, mas insistiu que tinha o mesmo direito em adquiri-las para defender os muçulmanos das agressões do imperialismo ocidental.

Suas aparições regulares em vídeo e áudio, assim como as de seus aliados mais antigos, procuravam sempre intimidar o

---

[38] OTAN. "Press Conference by US Secretary of Defence, Donald Rumsfeld". *Otan*, junho de 2002. Disponível em: https://www.nato.int/docu/speech/2002/s020606g.htm. Acesso em: 17.09.2021.

inimigo e animar seus seguidores. Alimentou deliberadamente as preocupações do público norte-americano sobre o possível uso das ADM.

Em outra ocasião, Ayman al-Zawahiri foi mais além do que Bin Laden dizendo que vários operadores da Al-Qaeda haviam sido enviados à Ásia Central para comprar material nuclear portátil e aconselhava: "se você tem US$ 30 milhões, vá ao mercado clandestino na Ásia central, entre em contato com qualquer cientista soviético descontente [...] dezenas de bombas inteligentes estão disponíveis".[39] A reportagem acrescentava que após ouvir "especialistas em segurança", chegava-se a conclusão de que era improvável, mas não impossível, que a Al-Qaeda adquirisse "bomba suja" que espalharia material radioativo por uma área limitada.

Ciente dos temores dos norte-americanos em relação às ADM, Osama e Zawari exploravam sistematicamente o terreno da guerra psicológica. Anunciavam que se esforçavam para adquiri-las e, ao anunciar que as possuíam, conseguiam ter, pelo menos, o benefício da dúvida, pois mesmo que não fosse verdade, deixaria o inimigo em pânico mesmo com uma remota possibilidade.

Do lado das autoridades norte-americanas, não houve quase nenhuma discussão pública sobre a natureza da ameaça, nenhuma distinção entre armas químicas, biológicas, nucleares e radiológicas, nem muito menos sobre as limitações dessas armas. Pelo contrário, as autoridades tendiam a classificar as

---

[39] MOWATT-LARSSEN, Rolf. "Al Qaeda's pursuit of weapons of mass destruction". *Foreign Policy*, 2010. Disponível em: https://foreignpolicy. com/2010/01/25/al-qaedas-pursuit-of-weapons-of-mass-destruction/. Acesso em: 17.09.2021.

CAPÍTULO II – O IMPÉRIO SOB ATAQUE

armas de destruição em massa, indistintamente, como um meio apocalíptico de destruição corroborando as intimidações de Bin Laden e Zawari.

De acordo com o vice-presidente Dick Cheney, os EUA, a partir daquele momento, passaram a olhar para a segurança mundial de uma maneira completamente nova. Argumentava que se tratava de um inimigo bem equipado, sem compromisso em defender qualquer população ou território, e que "não poderia ser dissuadido, contido ou apaziguado". No documento de Segurança Nacional de 2002 (NSS, na sigla em inglês), a administração Bush assumia, definitivamente, que a questão dos "Estados falidos" já não poderia ser vista apenas sob o prisma dos direitos humanos e do subdesenvolvimento, mas sim como um problema de segurança.

2.8 – Os inimigos internos: o estranho caso do antraz

Os temores de uso indiscriminado de ADM foram consideravelmente exacerbados por uma série de ataques por correspondências, contendo antraz, enviadas pelo correio para os meios de comunicação nos EUA e senadores democratas. Nesse último caso, foi encontrada uma forma mais potente e altamente refinada de antraz.

O consenso entre os investigadores foi que, provavelmente, essas cartas não haviam sido enviadas por membros da Al-Qaeda, mas sim por um algum norte-americano que, provavelmente, tinha trabalhado em um dos mais sofisticados laboratórios do país. Mas, independentemente dessas apurações, o aparecimento do antraz contribuiu para a sensação de medo e insegurança, uma vez que as autoridades e a mídia faziam questão de dar credibilidade para boatos.

Pouco depois do 11 de Setembro, apareceram relatos na imprensa de que Mohamed Atta, líder dos atentados terroristas, havia tido uma reunião em Praga com um agente da inteligência iraquiana que supostamente havia lhe dado um frasco de antraz. O governo tcheco contestou veementemente a veracidade dessa alegação. Também apareceram relatos das forças dos EUA no Afeganistão, no final de 2001, de que as casas dos líderes da Al-Qaeda em Cabul acusaram positivo para o antraz, mas essas reivindicações também foram desmentidas pelas próprias autoridades governamentais. A maioria desses relatórios era de confiabilidade questionável.

Embora possa parecer um fato isolado, o caso envolvendo antraz, explicita a forma pela qual as lideranças políticas dos EUA ajudaram a alimentar a ideia de uma ameaça que precisava ser respondida de forma exemplar. Funcionários da Casa Branca pressionaram o diretor do FBI, Robert Mueller, no sentido de incriminar publicamente a Al-Qaeda pelo envio das cartas. "Eles realmente queriam culpar alguém no Oriente Médio", declarou o alto funcionário aposentado do FBI. O FBI sabia de antemão que o antraz utilizado exigia uso de equipamento sofisticado e era pouco provável que tivesse sido produzido em "alguma caverna". Até mesmo o presidente Bush e o vice-presidente Cheney, em declarações públicas, fizeram ilações sobre a possibilidade de uma ligação entre os ataques com antraz e Bin Laden. O jornal The Guardian relatou, no início de outubro de 2001, que cientistas norte-americanos haviam implicado o Iraque como a fonte do antraz. No dia seguinte, o editor do The Wall Street Journal reafirmou que o Iraque era a fonte de produção de antraz e que a Al-Qaeda perpetrou os envios. Alguns dias depois, o senador republicano John McCain sugeriu

CAPÍTULO II - O IMPÉRIO SOB ATAQUE

em entrevista para a TV que o antraz realmente poderia ter vindo do Iraque. Além de erroneamente culpar a Al-Qaeda, já se desenhava também a suposta conexão, que se demonstrou falsa, com o Iraque.

No início de 2002, o FBI já havia identificado um cientista que havia trabalhado para um laboratório do governo norte--americano como o principal suspeito, após uma investigação minuciosa que chegou a colher os depoimentos de mais de trezentas pessoas ligadas ao programa de produção de antraz do governo dos EUA. Apenas, a partir do dia 11 de abril de 2007, o cientista Bruce Edwards Ivins ficou sob vigilância diária. Ele foi internado em junho de 2008 sob a justificativa de problemas mentais e um mês depois cometeu suicídio. O caso nunca foi esclarecido completamente.

2.9 – Paquistão: amigo de ocasião

Um dos primeiros desafios que os EUA deveriam enfrentar no campo da política internacional era garantir a cooperação do Paquistão. A localização estratégica do Paquistão ao lado do Afeganistão e o envolvimento de seu governo nesse país, desde a invasão soviética no final da década de 1970, tornaram-no um jogador-chave.

No dia seguinte aos atentados do 11 de Setembro, a embaixadora dos EUA no Paquistão, Wendy Chamberlin, recebeu instruções do Departamento de Estado para se encontrar com o presidente Musharraf em Islamabad e fazer-lhe uma simples pergunta: "você está conosco ou contra nós?" Depois de uma tensa conversa Musharraf respondeu positivamente à solicitação. Houve também encaminhamento de discussão de alguns pontos nos dias seguintes como: controlar os membros da Al-Qaeda na fronteira com o Paquistão; permitir direitos de sobrevoo e de aterrissagem dos EUA no Paquistão; assegurar o acesso dos EUA às bases militares paquistanesas; fornecer informações de inteligência; e cortar todos os carregamentos de combustível para o Talibã.

Mas um último pedido gerou mais controvérsia. O Secretário de Estado Colin Powell havia instruído Richard Armitage a cobrar do Paquistão um eventual rompimento de relações diplomáticas com o governo Talibã se as evidências implicassem em Osama bin Laden e a rede da Al-Qaeda no Afeganistão como autores dos atentados. Sem responder diretamente à questão, astutamente, Musharraf inseriu seus próprios pontos de negociação. Musharraf estava claramente interessado em usar sua posição de barganha para ganhar vantagem sobre a Índia. No final, Musharraf concordou com a maioria dos pedidos dos EUA, embora ele se recusasse a permitir o acesso a portos e bases aéreas. O governo norte-americano, por sua vez, concordou que não poderia lançar ataques ao Afeganistão a partir de solo paquistanês.

A ajuda do Paquistão para derrubar o regime talibã levou Pervez Musharraf para o estrelato. "Musharraf tornou-se um herói internacional", observou a embaixadora norte-americana no Paquistão, Wendy Chamberlin, de forma irônica. "O dinheiro estava fluindo para o Paquistão. E o Paquistão não era mais um estado pária. A situação era eufórica. Musharraf estava na capa de todas as revistas e jornais".[40] Mas apesar destes desenvolvimentos promissores, a paz e a estabilidade eram passageiras. Havia um êxodo preocupante de combatentes do Afeganistão para o

---

[40] JONES, Seth G.; FAIR, C. Christine. *Counterinsurgency in Pakistan*. Santa Monica: Rand Corporation , 2014 Disponível em: https://www.jstor.org/stable/pdf/10.7249/mg982rc.11.pdf?refreqid=excelsior%3Aeaa9cc642ea-c61b64562560631f4ba62. Acesso em: 17.09.2021.

CAPÍTULO II - O IMPÉRIO SOB ATAQUE

Paquistão, bem como novas rugas perturbadoras na complexa teia de alianças entre os Talibãs, os combatentes da Al-Qaeda e os militares paquistaneses.

Com a colaboração do Paquistão assegurada, os Estados Unidos poderiam agora voltar com mais segurança para o planejamento da operação militar de combate no Afeganistão. Apesar de preponderar o tom sobre a necessidade de usar novas táticas contra um novo inimigo, a proposta apresentada não continha nada de novo em relação às guerras do passado. Em 13 de setembro de 2001, o diretor da CIA, George Tenet, havia informado que o presidente George W. Bush sobre o plano da agência para conduzir operações no Afeganistão, uma estratégia que integrava as equipes de inteligência da CIA, as Forças de Operações Especiais, a força aérea e aliados afegãos para derrubar o regime talibã.

CAPÍTULO III

A OCUPAÇÃO DO AFEGANISTÃO: COMEÇA A GUERRA CONTRA O TERRORISMO

3.1 – Introdução

Um dia após os atentados do dia 11 de Setembro, o Presidente Bush reuniu o Conselho de Segurança Nacional formado pelo diretor da CIA George Tenet, o secretário de Estado Colin Powell, o secretário de Defesa Donald Rumsfeld, a conselheira de Segurança Nacional Condoleezza Rice e o vice-presidente Richard Cheney. Houve consenso entre todos os presentes que os EUA teriam de atacar as bases da Al-Qaeda no Afeganistão e o mais provável é que, além disso, seria preciso derrubar o regime Talibã. Mas, mesmo assim, o governo Bush ainda não havia admitido a possibilidade de fazer uma intervenção armada para promover a mudança de regime no Afeganistão, doutrina que, até então, era específica do Partido Democrata. Ele decidiu então dar um ultimato ao Talibã que deveria render-se ou expulsar a organização Al-Qaeda do Afeganistão e entregar Osama bin Laden para ser julgado. Enquanto aguardava a decisão do Talibã, os EUA abriram espaço para negociação. Havia até a hipótese de que se houvesse concordância por parte do Talibã em entregar Bin Laden, os EUA poderiam deixar o regime em vigor, evitando a guerra.

Embora os EUA não dependessem de apoios militares para empreender uma guerra no Afeganistão, eles julgavam fundamental contar com um amplo apoio político para conferir mais legitimidade a uma ação armada de grandes proporções.

Internamente, o presidente Bush conseguiu um amplo apoio do Congresso. No dia 14 de setembro de 2001, em reuniões da Câmara dos Deputados e do Senado, foi aprovada a autorização que concedia ao poder executivo discricionariedade no uso da força que julgasse necessária e apropriada contra nações, organizações ou pessoas que tiveram algum tipo de participação, direta ou indiretamente, nos ataques terroristas. Foi uma vitória acachapante, mostrando o consenso alcançado num contexto de uma nação atacada. A resolução no Senado foi aprovada por 98 votos a zero e na Câmara dos Deputados por 420 a 1. Há que se registrar que o único voto contrário foi de Barbara Lee, uma representante democrata da Califórnia, que alertou sobre o perigo de se ter outro Vietnã: "[d]evemos ter cuidado para não embarcar em uma guerra aberta, sem uma estratégia de saída nem um alvo focalizado [...]. Não podemos repetir os erros do passado".[41]

No plano internacional, os EUA atuaram em duas direções. Numa frente procurou se aproximar dos vizinhos do Afeganistão para facilitar, não apenas a operação de guerra propriamente dita, mas visando também o momento posterior de reconstrução do país e o controle dos grupos terroristas. Como não poderia deixar de ser, o primeiro país a ser procurado foi o Paquistão. Mas, paralelamente aos caminhos abordados, que vimos no capítulo anterior, também foi explorado um outro canal de conversas. Em 15 de setembro de 2001, Robert Grenier, chefe da CIA no Paquistão, encontrou-se com um comandante do Talibã, mulá Osmani, que inclusive se mostrou, inicialmente,

---

[41] GONZÁLEZ-RAMÍREZ, Andrea. "If only we'd listened to representative Barbara Lee ". *The Cut*, 2021. Disponível em: https://www.thecut.com/2021/08/why-barbara-lee-voted-against-the-war-in-afghanistan.html. Acesso em: 20.09.2021.

CAPÍTULO III – A OCUPAÇÃO DO AFEGANISTÃO...

inclinado a aceitar a proposta dos EUA de entregar Bin Laden para ser julgado, mas ponderou que a população afegã poderia se revoltar contra o Talibã se isso viesse a ocorrer. O fato de entregar o hóspede, Bin Laden, para forças estrangeiras seria visto como um ato de traição.

Fortalecido em casa, Bush resgatou o grupo diplomático conhecido como "seis mais dois" (os EUA, a Rússia e os seis países que têm fronteiras com o Afeganistão), que havia se formado na década de 1990, com o objetivo de cercar, literalmente, o Afeganistão.

Para se ter uma ideia das mudanças ocorridas nas relações diplomáticas entre os países do grupo, basta lembrar que, antes do 11 de setembro de 2001, os EUA estavam em permanente tensão com China e Rússia, não mantinham relações com o Irã e condenavam fortemente a situação dos direitos humanos no Uzbequistão. Mas, após a decisão de que deveria confrontar o regime do Talibã, os EUA reescalonaram a dívida de US$ 396 milhões do Paquistão, até então o principal sustentáculo do Afeganistão, além de conceder uma linha de crédito de US$ 400 milhões. O Uzbequistão recebeu US$ 6 milhões para desinstalação e conversão de um laboratório de produção de armas biológicas dos tempos soviéticos, e o Tajiquistão foi agraciado em US$ 28 milhões como ajuda contra a seca. Os EUA silenciaram sobre o desrespeito aos direitos humanos cometidos por forças russas na Chechênia, além de intensificar suas relações comerciais com o governo russo, facilitando as negociações para o ingresso do país na Organização Mundial do Comércio (OMC).

Num outro nível de ação diplomática, os EUA também conseguiram o que esperavam na ONU. Apesar de o Conselho de Segurança da ONU não autorizar, explicitamente, a Operação militar ou fazer referência ao Capítulo VII da Carta da ONU, que

REGINALDO NASSER

permite respostas às ameaças à paz e segurança internacionais, a Resolução 1.368 da ONU de 12 de setembro de 2001 estabelecia que o Conselho de Segurança "expressa sua disposição de tomar todas as medidas necessárias para responder (implicando uso da força) aos ataques de 11 de Setembro". Essa resolução foi interpretada de forma ampla, pelos EUA e aliados, como um reconhecimento implícito do direito de autodefesa. O presidente Bush declarou que a partir daquele momento os EUA não iriam diferenciar Estados que abrigam terroristas dos próprios terroristas, e afirmou que um regime amigável em Cabul era condição *sine qua non* para permitir que as forças americanas eliminassem os membros da Al-Qaeda.

No dia 5 de outubro de 2001, durante uma reunião do Conselho de Segurança Nacional dos EUA, o general Tommy Franks respondeu positivamente a um questionamento do presidente Bush sobre a prontidão de suas forças para lançar um ataque contra o Talibã. A Operação *Enduring Freedom*, como ficou conhecida posteriormente, previa quatro fases. A primeira fase deveria conectar as forças especiais com as equipes da CIA para abrir caminho para as tropas convencionais. A segunda, envolveria uma campanha aérea massiva para destruir os alvos da Al-Qaeda e do Talibã e abrir corredores para assistência humanitária. A terceira fase exigia a inserção de tropas terrestres dos EUA e parceiros da coalizão para matar ou capturar os combatentes talibãs e da Al-Qaeda. A fase final deveria promover a estabilização do país e ajudar a construir uma sociedade democrática.

Concomitantemente à ação militar, o governo Bush esperava alcançar dois grandes objetivos políticos. O primeiro era explorar as divisões étnicas[42] no Afeganistão para minar o

---

42 A composição étnica do Afeganistão em termos populacionais é estimada em: *pashtuns*, 42%; *tadjiques*, 27%; *uzbeques*, 9%; *hazara*, 8%; *aimaq*, 4%,

CAPÍTULO III – A OCUPAÇÃO DO AFEGANISTÃO...

apoio aos Talibãs e, eventualmente, derrubar o regime sem a utilização extensiva de forças terrestres norte-americanas. Para esse fim, os EUA procuraram se associar aos tadjiques e outros grupos que compunham a maior parte das forças da Aliança do Norte. Entretanto, os EUA também procuraram incorporar a etnia pashtuns em seus esforços a fim de alcançar seu segundo e mais amplo objetivo, que era o estabelecimento de um governo de consenso pós-talibã, reunindo todas as facções e tribos do Afeganistão com a condição de que não fosse permitido, sob nenhuma hipótese, que o Afeganistão se tornasse novamente um refúgio para a Al-Qaeda ou outros grupos semelhantes.

No dia 7 de outubro de 2001, o presidente dos EUA, George W. Bush, ordenou a invasão ao Afeganistão em retaliação aos ataques de 11 de Setembro. O objetivo inicial era destruir a infraestrutura limitada de defesa aérea e de comunicações do Talibã. Nos meses que se seguiram, as forças norte-americanas e seus parceiros na Aliança do Norte expulsaram a Al-Qaeda e derrubaram o regime do Talibã. Bin Laden fugiu para o Paquistão; o líder do Talibã, mulá Omar, foi para as montanhas. Comandantes e combatentes do Talibã voltaram para suas casas ou fugiram para locais seguros no Paquistão.

3.2 – A guerra contra o Talibã

Os resultados da operação *Enduring Freedom* foram além do esperado, com resultados bastante positivos, em termos militares, para a Coalizão, além de terem sido relativamente rápidos. A primeira

turcomenos, 3%, *baloch*i, 2%; e outros grupos que constituem 5% da população total do país.

fase teve início em 7 de outubro e durou um mês; a segunda durou até final de novembro, quando o Talibã perdeu o controle do país; a terceira foi caracterizada por bombardeio intenso dos supostos bastiões da Al-Qaeda no complexo montanhoso de Tora Bora em dezembro; o quarto começou com a posse de Hamid Karzai como primeiro-ministro interino em 22 de dezembro de 2001.

As ações dos EUA consistiram, principalmente, em ataques aéreos contra as posições do Talibã e da Al-Qaeda, facilitados pela cooperação com um pequeno contingente de unidades de operações especiais e agentes da CIA no terreno das operações. O objetivo principal nesse momento era ajudar a Aliança do Norte e outros grupos aliados a avançar contra as posições do Talibã. Em outubro de 2001, cerca de 1.300 fuzileiros navais foram destacados para enfrentar os combatentes do Talibã na cidade de Candaar, numa das raras batalhas campais entre eles. O regime do Talibã se desfez depois de perder a cidade de Mazar-e-Sharif, outro importante reduto do grupo, em 9 de novembro de 2001, para forças lideradas por Rashid Dostum.[43]

Tal como a queda de uma pedra de dominó que ao cair empurra as demais, cidades no centro do Afeganistão foram caindo na sequência até acontecer a retomada da capital Cabul, no dia 13 de novembro de 2001, sem nenhuma resistência. Com isso, as atenções se voltaram para o reduto do Talibã no sul do país. As Forças de Operações Especiais, em apoio a Hamid Karzai,[44]

---

43 Rashid Dostum, liderança política e militar da etnia *uzbeque* com trajetória bastante controversa. Fez parte do regime político afegão apoiado pela URSS de quem recebeu treinamento militar. Esteve em luta contra os Talibãs desde a década de 1990. Foi eleito vice-presidente do Afeganistão em 2014.

44 Uma das principais lideranças políticas. Nomeado como chefe do poder executivo de transição em dezembro de 2001. Presidente interino do

CAPÍTULO III – A OCUPAÇÃO DO AFEGANISTÃO...

avançaram sobre a cidade de Candaar. O pai de Karzai foi um importante líder tribal na região, sendo assassinado, em 1999, por militantes do Talibã. Karzai se juntou aos mujahedin na guerra contra a URSS e se refugiou no Paquistão durante o governo Talibã. Karzai trouxe consigo o apoio de uma das tribos mais poderosas do sul do Afeganistão e teve destaque por suas ações na Coalizão liderada pelos Estados Unidos.

Posteriormente, o Talibã perdeu ainda domínios territoriais no sul e no leste para líderes pashtuns apoiados pelos EUA sob a liderança de Hamid Karzai. O regime talibã se encerrou definitivamente, em 9 de dezembro de 2001, quando o mulá Omar e os principais líderes do Talibã fugiram de Candaar para o Paquistão. No dia 1º de maio de 2003, o secretário de Defesa Donald Rumsfeld, em uma coletiva de imprensa em Cabul, declarou o fim do "grande combate".

O terreno e as condições de combate eram diferentes de tudo o que os norte-americanos já haviam visto em conflitos armados anteriores. As tropas norte-americanas se encontravam atravessando íngremes caminhos de montanha ao lado de enormes precipícios. Como nem mesmo os veículos com tração nas quatro rodas conseguiam manobrar efetivamente nas trilhas sinuosas das montanhas, as forças militares e de inteligência passaram a usar cavalos afegãos para transportar seus equipamentos em situações inusitadas. Um dos comandantes relatou os desafios: "estamos descobrindo, como carregar um fuzil [...] que equipamento eu mantenho no meu corpo, o que posso colocar sobre o cavalo. Posso confiar nos caras que estão ao meu lado? Há uma emboscada ali à frente?".[45]

Afeganistão entre 2002-2004; presidente eleito em 2004 e reeleito em 2009. Líder da tribo *Durrani pashtun* de Candaar.

[45] CORRELL, Diana Stancy. "How the 'Horse Soldiers' helped liberate Afghanistan from the Taliban 18 years ago". *Military Times.*, 2019.

Em seu auge, as forças norte-americanas envolvidas no esforço de guerra não ultrapassaram 60.000 militares, e os aliados ocidentais acrescentaram não mais do que 15.000 tropas. Mas a campanha militar liderada pelos EUA estava longe de ter sido moderada em suas ações. Até o final de janeiro de 2002, o governo Bush havia autorizado por volta de 25.000 missões aéreas que lançaram 18.000 bombas, sendo 10.000 de alta precisão. Para efeito de comparação, tanto o número de missões como de bombas foi maior do que na Guerra de Kosovo em 1999, e mais da metade do que foi usado na Operação Tempestade no Deserto em 1991.

Na noite de 6 de dezembro de 2021, mulá Omar e lideranças do Talibã abandonaram seus postos, encerrando efetivamente com o domínio do Talibã no Afeganistão. As forças aliadas rastrearam posteriormente um grupo de sobreviventes da Al-Qaeda numa cadeia de cavernas nas montanhas perto de Tora Bora que foram tomadas em uma batalha de dezesseis dias que terminou em 17 de dezembro, mas muitos defensores da Al-Qaeda fugiram para a fronteira do Paquistão.

Segundo o secretário de Estado, Colin Powell, inicialmente um dos mais céticos membros do governo em relação a eficiência dos bombardeios aéreos, os EUA tiveram pleno sucesso em montar uma cooperação entre vários países e atores não estatais e coordenar esforços entre uma força aérea empregando tecnologia sofisticada com uma infantaria do quarto mundo, bombardeiros B-52[46] ao lado de combatentes a cavalo. Os norte-americanos

---

Disponível em: https://www.militarytimes.com/news/your-military/2019/10/18/how-the-horse-soldiers-helped-liberate-afghanistan--from-the-taliban-18-years-ago/. Acesso em: 20.09.2021.

[46] Aeronave de grande porte projetada para lançar grandes quantidades de bombas de grandes altitudes. Foi amplamente utilizada na guerra do Vietnã

CAPÍTULO III – A OCUPAÇÃO DO AFEGANISTÃO...

enviaram ao Afeganistão obras-primas de tecnologia, experimentando novos equipamentos, como os aviões Predator, sem piloto, que atuavam por controle remoto (protótipo dos drones). O número de soldados norte-americanos mortos em ação foi surpreendentemente baixo para uma operação dessa magnitude.

A esta altura, o "partido da guerra", sob a liderança do secretário de Defesa, Donald Rumsfeld, podia se regozijar da experiência do Afeganistão, em que as bombas inteligentes e o dólar foram suficientes o bastante para permitir que o EUA vencessem a guerra praticamente sozinhos e que, de certa forma, esses métodos poderiam ser repetidos em outro lugares do mundo. Após um breve período de multilateralismo, em que as articulações diplomáticas realizadas, principalmente, pelo Departamento de Estado sinalizavam uma possível reorientação de sua conduta externa, o sucesso militar permitiu aos EUA retornarem ao seu unilateralismo anterior.

Mas, se foi possível avaliar que a estratégia dos EUA teve muitas virtudes, no entanto, ela também teve falhas: como não ter alcançado um dos principais objetivos da guerra: capturar ou matar Osama bin Laden e outros principais líderes inimigos? Tais caçadas são inerentemente difíceis, mas as perspectivas de sucesso neste caso foram reduzidas consideravelmente pela dependência dos EUA das forças paquistanesas e das milícias afegãs para controlar as rotas de fuga do inimigo e conduzir buscas de caverna em caverna durante períodos críticos. A questão incômoda que se colocava para a opinião pública norte-americana era que se a maioria dos líderes da Al-Qaeda permanecer em liberdade, os EUA e outros países continuariam vulneráveis ao terrorismo.

---

e ficou conhecida por realizar um verdadeiro "tapete de bombas".

Animados com o sucesso da militar, o *mainstream* nos EUA começou a destacá-la nos anais da história militar desde a invasão de Douglas MacArthur na Coréia na década de 1950. Mas, à medida que o tempo passava, era possível avaliar as consequências com mais objetividade, principalmente da perspectiva humanitária.

Mesmo antes do início dos bombardeios na noite de 7 de outubro de 2001, muitos afegãos, particularmente os das cidades, haviam começado a abandonar suas casas e a se dispersar por todo o país. Até o início de janeiro de 2002, aproximadamente 200.000 afegãos fugiram para o Paquistão, e mais 1,2 milhão haviam sido deslocados internamente. O bombardeio arruinou grande parte da infraestrutura já precária do país, com a destruição total ou parcial de, aproximadamente, 50% das casas nas principais cidades afegãs. Bombas que não foram explodidas, incluindo 25.000 bombas de fragmentação, foram acrescentadas às muitas centenas de milhares de minas terrestres presentes no Afeganistão nas últimas duas décadas.

Mas, é preciso falar também do desastre humanitário, algo pouco comentado pelos analistas políticos. Em janeiro de 2002, as agências da ONU alertaram os doadores que seriam necessários US\$ 1,33 bilhão para atender às necessidades básicas de nove milhões de afegãos durante o ano de 2002. Mesmo contando com essa ajuda, que evidentemente não aconteceu, havia um enorme risco de morrer no inverno devido à fome, frio ou doenças. O que, infelizmente, aconteceu.

Os Estados Unidos deveriam se comprometer a criar um governo afegão estável a longo prazo – uma forma expansiva e intervencionista de política externa, ou simplesmente ir atrás dos terroristas – uma forma rápida e pontual de ação? Que tipo de acordo político pós-guerra deveria ser estabelecido que poderia ser considerado vitorioso? Os EUA deveriam procurar impor

CAPÍTULO III – A OCUPAÇÃO DO AFEGANISTÃO...

o modelo do novo governo e construir um exército nacional, ou deixar os afegãos administrarem os assuntos como achassem melhor? Essas questões sempre foram colocadas pelas autoridades governamentais dos EUA durante os vinte anos de ocupação.

3.3 – A "pegada leve": de olho no Iraque

Quando a campanha militar terminou, o governo Bush declarou que uma vez que se alcançassem os dois objetivos principais, os EUA poderiam se retirar do Afeganistão. Era preciso eliminar os remanescentes da Al-Qaeda e do Talibã e estabelecer uma nova democracia que pudesse impedir o retorno dos terroristas. Apesar de haver consenso a respeito da principal lição dos anos 90, quando os EUA deixaram um vácuo no Afeganistão após a queda da União Soviética permitindo a ascensão do extremismo islâmico, havia indecisões em relação à forma de se proceder.

Bush, Powell, Rice e Rumsfeld assumiram o fato de que os EUA teriam de deixar algumas tropas para impedir o retorno dos terroristas, mas mesmo nesse aspecto o envolvimento foi pequeno inicialmente. No início de 2002, 8.000 soldados norte-americanos e 5.000 aliados estavam no Afeganistão. O general Stanley McChrystal, oficial do estado-maior no Afeganistão e futuro comandante de todas as forças no país, escreveu: "[n]ão estava claro se ainda havia alguma guerra. A caça à Al-Qaeda continua, mas o Talibã parecia ter sido derrotado de forma decisiva; a maioria foi destruída, mas não tínhamos certeza para onde os remanescentes tinham ido".[47]

---

[47] MCCHRYSTAL, Stanley. *My share of the task: a memoir.* New York: Penguin, 2014, p. 77.

Nesse sentido, é que a área de defesa do governo sustentou a ideia, expressa pelo general Tommy Franks, que permaneceu à frente do Comando Central dos EUA até 2003, de que os EUA deveriam adotar uma "Pegada Leve" (*Light Footprint*) após o fim dos grandes combates. Além disso, os membros da Secretaria de Defesa, liderados por Rumsfeld, apregoavam a necessidade de abrir outra frente na Guerra Global contra o Terrorismo: o Iraque. Mas empreender uma intervenção no Iraque nos moldes do Afeganistão envolveria um esforço muito maior, seja pelo tamanho do país, seja pelo poder bélico de suas forças armadas. Nesse sentido, era imprescindível transferir, ao longo do tempo, a responsabilidade maior sobre a eliminação dos terroristas ao novo governo afegão.

O secretário de Defesa Rumsfeld, o general Tommy Franks e o subsecretário de Defesa Douglas Feith opunham-se fortemente ao envolvimento das tropas norte-americanas em uma força internacional de manutenção da paz que fosse além da região de Cabul. As autoridades governamentais dos EUA estavam tão preocupadas com a simples menção à ideia de forças de paz que propuseram definir melhor o que havia sido decidido, no final de 2001, no Acordo de Bonn. A proposta inicial era renomear "força de segurança internacional para o Afeganistão" para "Força Internacional de Assistência à Segurança" (FIAS) cujo objetivo era auxiliar os afegãos a terem suas próprias forças de segurança. A palavra assistência foi inserida para eliminar qualquer possibilidade de que tropas internacionais viessem, eventualmente, a ser demandadas para prover fornecer segurança à população afegã como são as missões de paz.

Por outro lado, havia um consenso no governo dos EUA de que os senhores da guerra do Afeganistão deveriam ter plena autonomia nos combates contra os insurgentes e que às equipes militares dos EUA caberiam trabalhar com os comandantes afegãos

CAPÍTULO III – A OCUPAÇÃO DO AFEGANISTÃO...

para que permanecessem unidos. O pressuposto dos planejadores de guerra era que, ao garantir a paz entre os vários grupos armados, não haveria necessidade de mais tropas internacionais.

O plano de pegada leve acabou se consagrando também porque assim que os EUA começaram a planejar a guerra no Iraque, eles não poderiam mais enviar forças adicionais para o Afeganistão, já que estavam comprometidos em outro lugar. Aliás, a perspectiva de invasão do Iraque foi mencionada, pela primeira vez, já no dia 13 de setembro de 2001, em uma reunião do Conselho de Segurança Nacional. Rumsfeld argumentou que o Iraque era um Estado que poderia oferecer armas de destruição em massa aos terroristas para usar contra os EUA. Portanto, argumentava Rumsfeld, ao infligir danos consideráveis nesses regimes os outros inimigos dos EUA seriam dissuadidos a repensar suas estratégias agressivas.[48]

Em 2003, o governo dos EUA já estava plenamente convencido de que era o Iraque, não o Afeganistão, o centro da guerra contra o terrorismo. Em uma conversa telefônica, em agosto de 2003, com Paul Bremer, chefe da Autoridade Provisória da Coalizão no Iraque, Condoleezza Rice disse: "Powell e eu estamos convencidos de que o Iraque se tornou o teatro decisivo na guerra contra o terrorismo e que, se vencermos no Iraque, o terrorismo islâmico pode ser derrotado".[49]

Com poucas tropas dos EUA e a praticamente inexistência de uma força de segurança do governo afegão, os senhores da guerra acabaram ganhando destaque como já era previsto. Esses comandantes de comunidades tribais eram auxiliados pelos EUA

---

[48] Retomaremos essa importante questão logo abaixo.

[49] Apud. BREMER III, L. Paul. *My year in Iraq:* the struggle to build a future of hope. New York: Threshold Editions, 2006, p. 143.

com dinheiro, armas e outros equipamentos de segurança. Uma das consequências desse processo foi o enfraquecimento ainda maior do governo central e o fortalecimento dos líderes tribais.

Este período foi, em muitos aspectos, um divisor de águas na experiência dos EUA no Afeganistão. Nos dois primeiros anos de engajamento, os EUA obtiveram ganhos significativos na frente política. Foram realizadas eleições presidenciais e parlamentares e os níveis de violência permaneceram relativamente baixos. Mas essa oportunidade que se desenhou durante o processo de construção de um novo governo acabaria sendo menosprezada aos poucos. Tal atitude por parte do governo dos EUA pode ser simbolizada pela transferência de Khalilzad[50] do Afeganistão para ser embaixador dos EUA no Iraque, justamente por causa de seu sucesso de negociador, o que confirmava cada vez mais que o governo Bush só tinha olhos para o Iraque.

3.4 – É possível reconstruir nações?

Além do uso do termo Força de Paz, outro que também deixava os republicanos desconfortáveis era "Construção de nação" (*Nation-building*) já que poderia evocar políticas da administração do presidente Bill Clinton na Bósnia em 1996 e em Kosovo em 1999. Tais ações eram mal avaliadas pelos republicanos que viam nessa proposta um envolvimento de longo prazo das forças de segurança dos EUA e dos aliados. O secretário de Defesa Donald Rumsfeld costumava manifestar seu receio de comprometer

---

50 Zalmay Khalīlzād é um diplomata afegão–americano que serviu de enviado especial do presidente Bush para o Afeganistão após o 11 de Setembro até novembro de 2003, quando foi nomeado para servir como embaixador dos EUA no Afeganistão entre novembro de 2003 até junho de 2005.

CAPÍTULO III – A OCUPAÇÃO DO AFEGANISTÃO...

dezenas de milhares de tropas norte-americanas num longo processo para estabilizar os Estados em conflitos internos. Ele escreve em suas memórias: "nosso modesto objetivo [...] era livrar o Afeganistão da Al-Qaeda e substituir seus anfitriões talibãs por um governo que não acolhesse terroristas",[51] apenas isso. Manifestava-se preocupado, sobretudo, em aumentar as despesas dos EUA e , por isso, defendia um tipo de terceirização para empresas e para os parceiros afegãos realizarem a tarefa.

Apesar disso, em um discurso em 17 de abril de 2002, o presidente Bush invocou o Plano Marshall para lembrar o papel que os EUA tiveram na reconstrução da Europa Ocidental após a Segunda Guerra Mundial, prometendo ajuda para promover a recuperação do Afeganistão. Mas foi um discurso vago em detalhes, e apenas em outubro de 2002 que o Congresso pediu dinheiro adicional, apesar de a maior parte desse recurso ter sido destinado ao Departamento de Defesa.

A assistência geralmente provinha de uma amálgama de Estados doadores e organizações internacionais como o FMI, o Banco Mundial e a União Europeia. Apesar do fato de o Afeganistão ser considerado a primeira frente no que a administração chamou de "guerra global contra o terrorismo", vários membros do governo dos Estados Unidos se opuseram fortemente ao fornecimento de mais recursos para os esforços de reconstrução. Assim, embora os formuladores de políticas dos EUA tivessem hesitado em prestar assistência ao Afeganistão, desde o início, a invasão do Iraque garantiu que o Afeganistão passaria para um lugar secundário em matéria de ajuda, militar e não-militar. A assistência foi reduzida significativamente,

---

[51] RUMSFELD, Donald. *Known and unknown :* a memoir. New York: Sentinel, 2011, pp. 16-29.

e quaisquer sugestões para novas iniciativas receberam pouca atenção das lideranças políticas que estavam concentrando sua atenção nos preparativos diplomáticos e militares para atacar o Iraque. Após a queda de Saddam, a atenção continuou a se voltar para a estabilização do Iraque.

Em 5 de dezembro de 2001, com as tropas da Coalizão prestes a tomar Candaar, os líderes afegãos assinaram um acordo que estabeleceu um calendário para a criação de um governo representativo livremente eleito. No dia seguinte, o Conselho de Segurança da ONU endossou o resultado por meio da Resolução 1.383. Com o colapso definitivo da base de poder do Talibã, a atenção internacional voltou-se para a necessidade de ter um novo governo.

No final de dezembro de 2001, um grupo diversificado de líderes afegãos, influenciado e apoiado pela comunidade internacional, concordou com as medidas que estabeleceram as bases para a futura governança afegã. Conhecido como o Acordo de Bonn, essas medidas estabeleceram uma autoridade interina por seis meses, sob a liderança de Hamid Karzai, para governar o Afeganistão até que uma autoridade transitória pudesse ser estabelecida por uma *loya jirga* de emergência. A autoridade transitória governaria então o Afeganistão por dois anos, quando então convocaria outra *loya jirga* para redigir uma nova constituição com a realização de eleições livres. Os autores do acordo também solicitaram assistência internacional na forma de uma força sancionada pelo Conselho de Segurança da ONU para manter a segurança em Cabul e em outras áreas urbanas, conforme considerado necessário, treinar as forças de segurança afegãs e apoiar os esforços gerais de reparo e melhoria da infraestrutura.

Os representantes afegãos na Conferência de Bonn se mostraram bastante receptivos em utilizar a *loya jirga* para criar

CAPÍTULO III – A OCUPAÇÃO DO AFEGANISTÃO...

um governo provisório e uma nova constituição. *Loya jirga* significa "grande conselho" na língua pashtun e é um processo de intensas conversações para se chegar a um consenso sobre decisões nacionais. O primeiro passo no processo constitucional foi uma *loya jirga* emergencial, em junho de 2002, montada em uma grande tenda em Cabul. O objetivo era confirmar um governo provisório que governaria por dois anos enquanto uma nova constituição estava sendo escrita. Cada distrito e província tinha permissão para enviar um número fixo de líderes como seus representantes que contou com, aproximadamente, 1.500 representantes de todo o país. Grande parte deles era formada por respeitados líderes tribais ou religiosos que contou com a participação especial de alguns senhores da guerra e uma pequena quantidade de mulheres. Karzai que contou fortemente com o apoio dos EUA foi eleito presidente.

Mas há um fato que chama a atenção nesse momento. Antes da *loya jirga* de emergência, Tayyab Agha, assistente do mulá Omar, enviou uma carta a Karzai propondo a participação do Talibã na formação do novo Estado. Karzai teria, aparentemente, visto com bons olhos essa iniciativa como uma forma de apaziguamento, mas Khalilzad e outras autoridades norte-americanas vetaram a participação do Talibã. Seguindo a tradição da política externa dos EUA desde a Primeira Guerra Mundial, a administração Bush avaliou que o Talibã fora derrotado e que, portanto, não havia motivo que justificasse estabelecer qualquer tipo de negociação. O vencido deve se submeter incondicionalmente ao vencedor.

A *loya jirga* de emergência também estabeleceu um sistema legal provisório, a lei islâmica (xaria) que orientava o judiciário em combinação com os antigos códigos legais seculares do Afeganistão. Os direitos humanos, incluindo os das mulheres e das minorias, deveriam ser protegidos. Em novembro de 2003,

Bush nomeou Khalilzad a embaixador dos EUA no Afeganistão para que supervisionasse o processo constitucional.

O grande evento seguinte foi a *loya jirga* constitucional de dezembro de 2003. Com a presença de quinhentos representantes de todo o país, seu objetivo era redigir uma nova constituição. Karzai e Khalilzad pressionaram por um sistema que deu ao presidente uma grande concentração de poderes. O sistema presidencial proposto seguia o velho modelo de ausência de garantias formais para o poder dos atores locais, mais alinhado com a tradição do que a um modelo federalista. O Afeganistão nunca tinha tido formalmente este último, e os pashtuns geralmente se opunham a ele, vendo-se a si mesmos como os governantes legítimos do país. A proposta de Karzai e Khalilzad venceu na *loya jirga*.

Mas, além do poder executivo, era, obviamente, fundamental pensar na constituição das forças de segurança. Em uma reunião entre países doadores em Genebra, em abril de 2002, foram aprovados recursos para a constituição de um novo exército afegão. Rumsfeld apoiou a iniciativa, pois era uma condição necessária para que os EUA um dia pudessem sair do Afeganistão, mas ao mesmo tempo estava relutante nos gastos que isso iria acarretar. Rumsfeld ficou irritado quando soube que o embaixador norte-americano no Afeganistão, James Dobbins, havia comprometido os EUA a pagar 20% dos custos de treinamento de militares: "os EUA gastaram bilhões de dólares para libertar o Afeganistão e fornecer segurança. Estamos gastando uma fortuna todos os dias [...]. Não há razão na terra para os EUA se comprometer a pagar 20% pelo exército afegão".[52]

---

[52] THE RUMSFELD PAPERS. "Donald Rumsfeld to Colin Powell and Condoleezza Rice, 'U.S. Financial Commitments'". *Memo*, 2002.

CAPÍTULO III – A OCUPAÇÃO DO AFEGANISTÃO...

Colin Powell objetou, argumentando que os EUA deveriam pagar por um novo exército e força policial. Em sua opinião, era necessário um exército forte e centralizado para evitar que o Estado se fragmentasse, mas seu argumento teve pouco efeito diante da crítica de Rumsfeld. Durante meses, Rumsfeld preferiu deixar as ações militares em terreno nas mãos da Aliança do Norte e de outros "senhores da guerra". Rumsfeld dizia abertamente que os EUA deveriam simplesmente deixar os senhores da guerra assumir o papel de exército e, portanto, nenhum dinheiro deveria ser gasto nesse aspecto. Não admitia, nem mesmo o fornecimento de algum tipo de equipamento novo e, em vez disso, procurou explorar estoques existentes de armas usadas no Afeganistão. Diante do senado dos EUA, Rumsfeld explicou aos senadores como deveria ser o processo de construção de um novo sistema de segurança no Afeganistão: "como a segurança deve evoluir naquele país depende realmente de duas coisas: uma é o que o governo interino decide que deve acontecer, [a outra é] o que as forças de guerra do país decidem que deve acontecer, e o resultado final é a interação entre esses dois".[53]

No final de 2002, o presidente Karzai pediu a Rumsfeld o desarmamento gradual dos "senhores da guerra" que recusou, respondendo o seguinte: "[n]ão fazemos verde sobre verde".[54]

Um memorando sobre a construção de um exército nacional afegão diversificado apresentado pelo presidente da Câmara dos

---

Disponível em: https://www.rumsfeld.com/archives/. Acesso em: 20.09.2021.

[53] U.S. GOVERNMENT. "Afghanistan: building stability, avoiding chaos". *U.S. Government Printing Office*, 2002. Disponível em: https://www.govinfo.gov/content/pkg/CHRG-107shrg82115/html/CHRG-107shrg82115.htm. Acesso em: 20.09.2021.

[54] Termo militar utilizado para se referir quando dois aliados lutam um contra o outro.

Deputados dos EUA, Newt Gingrich, colocou Rumsfeld sob pressão do Partido Republicano. Karzai defendeu um número entre 100.000 a 120.000 de militares, mas a administração Bush considerou a ameaça insurgente pequena demais para justificar algo maior que 70.000 militares. Rumsfeld anunciou em uma conferência de imprensa no início de 2003: "[n]ós claramente passamos de uma grande atividade de combate para um período de estabilidade e de atividades de reconstrução. [...] o país hoje é seguro".[55] Além disso, a Casa Branca descartou prontamente os argumentos de Karzai e Khalilzad de que santuários insurgentes haviam se formado no Paquistão.

A polícia afegã foi mais negligenciada do que o exército, inicialmente. Historicamente, o Afeganistão nunca havia possuído forças policiais robustas, e as que existiam estavam concentradas apenas nas cidades. Não havia dados precisos, mas, estimava-se que, em 2002, o tamanho da polícia era de 50.000 a 70.000 membros. Ao contrário do exército, eles foram recrutados em grande parte nas províncias em que moravam e, por isso, devido às suas raízes locais, eles tendiam a ser mais dependentes dos líderes tribais. Entre 2004 e 2007, os EUA destinaram US$ 1,5 bilhão para a polícia em comparação com US$ 3 bilhões para o exército. A fraqueza da instituição resultou em uma força mal treinada e mal equipada. Os policiais recebiam salários insignificantes e de forma irregular. Mais da metade de suas armas, munições e veículos não eram fornecidas pelo Estado, o que favoreceu ainda mais a corrupção. Os alemães e mais tarde a Embaixada dos EUA (através da empresa de segurança DynCorp) criaram

---

[55] COUNCIL ON FOREIGN RELATIONS. "The U.S. War in Afghanistan , 1999-2021". *Council on Foreign Relations*, 2021. Disponível em: https://www.cfr.org/timeline/us-war-afghanistan/ Acesso em: 20.09.2021.

CAPÍTULO III – A OCUPAÇÃO DO AFEGANISTÃO...

centros de treinamento em Cabul. Foi somente em 2005 que os militares norte-americanos assumiram a responsabilidade pelo desenvolvimento e treinamento da polícia.

As forças de segurança afegãs eram divididas entre o Ministério do Interior, o Ministério da Defesa e a Direção Nacional de Segurança (NDS), mas não havia nenhuma comunicação entre o exército e a polícia, sendo que a NDS não tinha autoridade sobre nenhuma delas. A única instituição que, formalmente, tinha autoridade para controlar as três era o presidente Karzai que, por sua vez, não tinha meios adequados para isso. Entre outros aspectos, o Talibã tinha a vantagem comparativa de ser um corpo organizado em uma nação já propensa a lutas internas e à competição tribal.

Cabe destacar, por fim, que, ao contrário da maioria dos acordos de paz, o Acordo de Bonn não previu a deposição das armas das facções em conflito; nem instituiu um processo para estabelecer a verdade ou a responsabilidade por crimes passados. Ao invés disso, como veremos mais adiante, permitiu o pleno desenvolvimento da estratégia conduzida pelos EUA de uma política de cooptação de senhores da guerra e de comandantes para derrotar o Talibã. Aliás, mais do que ser vago, o Acordo de Bonn, fechou os olhos para o montante de recursos e armas que os EUA passaram para os diferentes grupos armados não estatais. Ou seja, o Acordo de Bonn foi uma forma de legitimação internacional dos senhores da guerra, concedendo-lhes posições de destaque e poder dentro do governo interino.

Após uma visita ao Afeganistão, em outubro de 2003, o secretário de Comércio Donald Evans escreveu um memorando para o presidente Bush declarando que o Afeganistão estava passando por uma melhoria significativa. Ele visitou escolas afegãs, almoçou com tropas norte-americanas, realizou reuniões com os principais líderes empresariais e conversou com altos funcionários do governo afegão. Em seu discurso sobre o Estado da União de 2004, o presidente Bush anunciou: "a partir deste mês, esse país tem uma nova constituição [...] homens e mulheres do Afeganistão estão construindo uma nação livre e orgulhosa na luta contra o terror".[56]

Em janeiro de 2004, os afegãos haviam adotado uma nova constituição e, em outubro de 2004, elegeram Hamid Karzai como presidente pelo voto popular. Os Estados Unidos e outras forças da Coalizão apostaram na realização das eleições como prioridade estratégica. Em setembro de 2005, os afegãos elegeram um novo parlamento, que incluía vários ex-ministros do Talibã. Vale relatar um caso, em particular, para mostrar como a atitude dos EUA de negar qualquer tipo de participação de membros do Talibã não livrava, necessariamente, as instituições daquele país de personagens que, provavelmente, não se desvencilharam de seus históricos de prática de violência. Um desses representantes foi Abdul Salam Rocket, um grande orador cujo apelido de "Rocket" era devido à sua habilidade em atingir tanques soviéticos com foguetes RPG-7 durante os anos 80. Outro caso que vale ser lembrado é o de Mawlawi Arsallah Rahmani, que pertencia ao partido Hezb-i-Islami que mantinha fortes laços com o temível senhor da guerra, Gulbuddin Hekmatyar. Hekmatyar foi acusado de ser o principal responsável pelos ataques de foguetes que causaram destruição e morte de civis em Cabul no início dos anos 90, o que lhe valeu o apelido de "Carniceiro de Cabul".

---

56 THE WHITE HOUSE. "Selected speeches of President George W. Bush, 2001-2008". *The White House*, 2008. Disponível em: https://georgewbush-whitehouse.archives.gov/infocus/bushrecord/documents/Selected_Speeches_George_W_Bush.pdf. Acesso em: 20.09.2021.

CAPÍTULO III – A OCUPAÇÃO DO AFEGANISTÃO...

3.5 – A resiliência Talibã

O terreno acidentado e montanhoso oferecia excelente dissimulação para os insurgentes que se dispersaram em pequenos grupos e se esconderam nas cavernas para atacar novamente dias depois. Era extremamente difícil para as forças da coalizão cercar a área, ou até mesmo atacar os insurgentes por meio dos bombardeios aéreos, mesmo utilizando os poderosos B-52 e AC-130. No Afeganistão, a água é, em grande parte, extraída de nascentes e rios e distribuída através dos *qanats* (túneis subterrâneos), que são escavados e mantidos através de uma série de eixos verticais. Em novembro de 2001, as forças dos EUA bombardearam os *qanats* em Candaar, por meio de informações da inteligência dos EUA de que mulá Omar e outros líderes estavam se escondendo. Os ataques foram feitos com as bombas conhecidas como a "Bunker Buster", guiada por laser e que pesa dois mil quilos e pode penetrar até 30 metros em profundidade na terra antes de explodir. Todas as lideranças do Talibã escaparam, mas os efeitos devastadores impactaram muito mais a vida dos civis.

Em novembro de 2001, em uma de suas últimas aparições públicas, Bin Laden fez um discurso para uma reunião de líderes tribais locais no Centro de Estudos Islâmicos na cidade de Jalalabad, prometendo que eles poderiam ensinar aos norte-americanos a mesma lição que os mujahedin ensinaram aos russos. Segundo ainda alguns relatos, Bin Laden distribuiu dinheiro aos líderes tribais para garantir seu apoio, enquanto a multidão gritava "Zindabad" [Viva] Osama.[57] Em meados de dezembro de 2001,

---

[57] Slogan utilizado pelos paquistaneses como expressão de vitória ou de patriotismo. De acordo com o Oxford Learner's Dictionaries, "Zindabad" é usado para expressar aprovação ou acordo, geralmente após o nome de um líder, de um movimento político ou de uma ideia. Segundo Collins Dictionary a palavra "zindabad" é de origem Hindi, derivado do persa.

de acordo com a inteligência norte-americana, Bin Laden fugiu de Tora Bora acompanhado por um punhado de guarda-costas e auxiliares. Ele viajou a cavalo para o sul, em direção ao Paquistão, atravessando a mesma montanha por onde passaram os comboios da CIA durante os anos da resistência mujahedin aos soviéticos. Ao longo da rota, nas dezenas de aldeias e cidades de ambos os lados da fronteira, as tribos pashtuns aliadas ao Talibã ajudaram a guiar os homens a cavalo enquanto caminhavam pela neve em direção ao Paquistão.

Alguns combatentes estrangeiros e da Al-Qaeda foram detidos ao atravessar a fronteira com o Paquistão e ficaram sob a guarda do ISI, outros foram entregues ao governo dos EUA, que os abrigou temporariamente em prisões secretas em Candaar, Bagram e outros locais. Os militantes da Al-Qaeda possuíam estreitos vínculos com grupos militantes paquistaneses que os abrigaram em várias cidades do Paquistão.

Seria improvável que uma eventual morte ou captura de Bin Laden reduziria a ameaça do radicalismo islâmico, mas o fracasso em matá-lo ou capturá-lo permitiu se tornar um verdadeiro mito para milhares de seguidores em quase sessenta países de maioria muçulmana. A história mostra que os grupos terroristas são invariavelmente muito mais fortes com seus líderes carismáticos do que sem eles, e a capacidade de Bin Laden e sua organização terrorista de se recuperar da perda de seu santuário afegão reforça a lição.

Nos anos seguintes, os insurgentes em fuga se estabeleceram preferencialmente nas províncias do norte do Baluchistão, nas Áreas Tribais Federalmente Administradas[58] e nas províncias

---

58 ATFA é uma divisão administrativa do Paquistão cujo território é subdividido por espaços vinculados às tribos de maioria *pachtuns*.

CAPÍTULO III – A OCUPAÇÃO DO AFEGANISTÃO...

com o Paquistão como locais de descanso e rearmamento. No passado, áreas de fronteira e de países vizinhos foram frequentemente exploradas por militantes onde podiam conspirar, recrutar, contatar apoiadores em todo o mundo, levantar dinheiro e fazer uma pausa nos combates. A região fronteiriça do Paquistão era um local de refúgio ideal por várias razões. Além de ser próximo aos redutos tradicionais do Talibã e da Al-Qaeda no leste e sul do Afeganistão, havia por volta de 25 milhões de pashtuns no Paquistão, historicamente simpatizantes do Talibã. Como vimos anteriormente, havia um elo muito forte entre o Talibã e o ISI desde o final dos anos 80, além disso o terreno montanhoso do Paquistão perto da fronteira com o Afeganistão oferecia uma proteção natural.

É preciso lembrar que essa região fronteiriça foi historicamente disputada. A Linha Durand, traçada pelos britânicos, dividia o território da tribo pashtun a fim de enfraquecê-la para que fossem mais facilmente dominadas. O Império britânico, inclusive, chegou a criar entidades tribais autônomas controladas por oficiais e políticos britânicos com a ajuda de chefes locais cuja lealdade era assegurada através de subvenções regulares. As tribos pashtuns que controlavam essa região haviam resistido ao domínio colonial com uma determinação singular. Os pashtuns chegaram a desfrutar de uma máxima autonomia no passado, sendo autorizados inclusive a administrar seus assuntos de acordo com sua fé, costumes e tradições islâmicas. Os anciãos tribais, conhecidos como *maliks*, receberam favores especiais dos britânicos em troca de manter abertas importantes estradas e prender criminosos. Esse sistema de administração com autonomia local e favores especiais permaneceu bastante estável, mesmo após a independência do Paquistão, em 1947, em que os tribunais e a polícia paquistanesa não tinham jurisdição nas áreas tribais.

Apesar de derrubar, com relativa facilidade, o regime talibã e destruir os principais campos de treinamento da Al-Qaeda, seus militantes conseguiram se reorganizar no Paquistão, onde, nos anos seguintes, recrutaram e planejaram seu retorno. O governo paquistanês conduziu operações militares contra combatentes estrangeiros, mas se absteve de agir contra a maioria dos líderes talibãs de alto escalão. Com a unidade de comando desarticulada surgiram vários grupos de insurgentes vinculados às tribos, principalmente, na fronteira noroeste do Paquistão.

Um dos grupos mais importante nessa região foi liderado pelo lendário guerreiro mujahedin, Jalaluddin Haqqani, que teve papel de destaque na luta contra os soviéticos numa província próxima ao território de Bin Laden. Nascido em 1935, Haqqani foi educado em uma madraça em Peshawar, Paquistão, e mantinha laços estreitos com a Arábia Saudita. Ao retornar ao Afeganistão, ele abriu sua própria madraça na província de Paktia, leste do Afeganistão, na fronteira paquistanesa. Após a queda do Talibã, Haqqani reagrupou seus militantes em várias áreas tribais do Paquistão e Afeganistão. Vários dos principais líderes da Al-Qaeda também começaram a se integrar nessa região, juntamente com uma variedade de outros grupos jihadistas estrangeiros que compreendiam dois tipos principais: os do Cáucaso e da Ásia Central (chechenos, usbeques e tadjiques) e os árabes (como os sauditas, egípcios, somalis e iemenitas). Muitos deles já haviam se estabelecido no norte e sul do Waziristão durante a guerra contra os soviéticos; outros se instalaram após o colapso do Talibã.

Após os talibãs se estabelecerem no Paquistão, começaram a organizar comitês políticos, militares e religiosos nas proximidades na cidade de Quetta, um local seguro e estratégico para as operações logísticas e de informação porque permitia fácil acesso às províncias do sul do Afeganistão, como Candaar, uma base

CAPÍTULO III – A OCUPAÇÃO DO AFEGANISTÃO...

importante da insurgência. Além disso, o Talibã sediou comitês de propaganda em várias cidades e criaram uma variedade de websites e usaram a produtora da Al-Qaeda, Al-Sahab Media, para fazer propaganda em vídeos. Também passaram a usar um canal de rádio, *Voice of Sharia*, com transmissores móveis em várias províncias. Combatentes do Talibã chegaram a levar câmeras de vídeo para o campo de batalha para filmar operações militares para propaganda. A campanha de informação do Talibã, graças à Al-Qaeda, aprimorou, após o 11 de setembro de 2001, o uso da internet, jornais e revistas para divulgar propaganda e recrutar combatentes.

Ao sul do Afeganistão, além dos grupos insurgentes, várias organizações criminosas, especialmente relacionadas ao tráfico de drogas, operavam em ambos os lados da fronteira. Mais ao norte, o Tajiquistão serviu como local onde os opiáceos eram entregues a outras organizações criminosas destinadas à Rússia. Aproximadamente metade da heroína que passava pelo Tadjiquistão era consumida na Rússia. O restante transitava da Rússia para outros mercados de consumo na Europa Ocidental e Oriental.

Entre janeiro e fevereiro de 2002, os militares norte-americanos e a CIA começaram a coletar informações sobre uma possível concentração de cerca de mil combatentes da Al-Qaeda, do Talibã e de outros grupos em torno das montanhas próximas à fronteira do Afeganistão com o Paquistão na província de Paktia. Uma ofensiva combinada de forças afegãs e norte-americanas, com o nome de Operação Anaconda, começou em 2 de março de 2002 e durou por volta de duas semanas.

Em março de 2004, houve início intensos combates, com tanques e morteiros, envolvendo as forças de Ismail Khan e as unidades do Exército Nacional Afegão. O filho de Ismail Khan, Mirwai Sadeq, ministro da aviação civil do gabinete de Karzai, foi assassinado gerando uma série de distúrbios. O governo afegão enviou uma força de 1.500 soldados, chefiada pelo ministro da Defesa, para patrulhar estradas, proteger edifícios do governo e da ONU, e instituir um toque de recolher após a remoção de Ismail Khan.

Em um memorando de junho de 2004, dirigido ao secretário de Defesa Rumsfeld, o chefe da autoridade provisória do Iraque, Paul Bremer, alertou que os níveis de violência continuaram a aumentar no Iraque, com a introdução de atentados suicidas. O Afeganistão, em comparação com o Iraque, estava relativamente calmo. Por volta de trezentos afegãos morreram em 2004 em decorrência de ação de insurgência, um número bem abaixo das dezenas de milhares que morreram no Iraque no mesmo ano. Todavia, já se notava o reaparecimento de operações de pequena escala para derrubar o governo afegão e coagir a retirada das forças dos EUA e da Coalizão.

As autoridades norte-americanas já não viam mais o Talibã como uma ameaça, mas roubos à mão armada, raptos e assassinatos mesmo em áreas controladas pelo Exército Nacional Afegão ainda eram altos. A maioria dos afegãos acreditava que a situação de segurança indicava uma pequena melhora em comparação à época do Talibã, 35% versus 41%, o que era preocupante. Já em relação ao padrão de vida, 84% dos afegãos acreditavam que havia melhorado desde o fim do governo Talibã.

3.6 – O triunfal retorno dos senhores da guerra

O "senhor da guerra" é frequentemente considerado como um fenômeno local que se caracteriza por uma luta de poder entre o centro e a periferia do sistema político. Devido à

CAPÍTULO III – A OCUPAÇÃO DO AFEGANISTÃO...

ausência de um estado unitário legítimo, muitos afegãos consideram o fenômeno do "senhor da guerra" como um sistema de vida política preferível à desordem, ou se submetem a eles por medo. A ordem sócio-política sob tais condições segue suas próprias regras e, em muitos casos, se sobrepõe aos modernos conceitos de Estado. Os detentores locais do poder resistem à penetração estatal e visam, em vez disso, instrumentalizar os recursos estatais para seus próprios interesses. No entanto, ao mesmo tempo, esses Senhores acabam por assumir parcialmente certas funções de segurança e bem-estar da população local.

O historiador e especialista em estudos sobre Afeganistão, Ahmed Rashid, chamou de "estratégia dos senhores da guerra", um termo que resume, de certa forma, a estratégia da CIA para retratar os senhores da guerra do Afeganistão como libertadores e unificadores. Se o alvo tivesse fortes credenciais democráticas, ele era considerado mais aceitável, mas isso não era de forma alguma uma exigência para apoiá-los. Através da intermediação da CIA, o Pentágono reconheceu as milícias dos senhores da guerra como forças terrestres pró-EUA que substituíram os soldados norte-americanos e a presença do Exército Nacional Afegão e Polícia Nacional Afegã. Rumsfeld descreveu os senhores da guerra do Afeganistão como uma parte integrante do aparato de segurança do país e chegou a especular que a evolução da segurança no Afeganistão dependeria de duas coisas: uma era o que o governo interino decidiria o que deveria acontecer, a outra era o que as forças que efetivamente empreendiam a guerra decidiriam o que deveria acontecer, e a interação entre esses dois.

Em 9 de novembro de 2001, a coalizão militar juntamente com os senhores da guerra capturaram a cidade do norte de Mazar e Xarife, o que significou o colapso das forças talibãs; líderes tribais aliados do Talibã começaram a mudar de lado, enquanto outros faziam retiradas estratégicas, fosse de volta para suas aldeias ou para as regiões tribais do noroeste do Paquistão, frequentemente o Waziristão, que era também habitado pela etnia pashtun.

A fim de satisfazer os interesses de sua agência, Tenet percebeu que era necessário modificar a geografia política do Afeganistão argumentando que além da estratégia antiterrorista, agora era preciso uma estratégia política que era se aproximar das lideranças tribais. O próprio diretor da CIA admitiu em telegrama à Casa Branca que os senhores da guerra estavam "recebendo muito dinheiro". O que possibilitou forjar exércitos poderosos para desafiar seus rivais e controlar vastos territórios. Um senhor da guerra, Sayyed Jaffar, por exemplo, não teve inicialmente nenhuma tropa após seu retorno ao país, em 2001, mas com a ajuda da CIA ele obteve, em pouco tempo, um contingente de mais de mil combatentes. A milícia de Ismail Khan, que havia sido reduzida a algumas centenas, em 2000, aumentou para mais de cinco mil homens em 2002. No início de 2002, a CIA havia distribuído 767 toneladas de suprimentos (incluindo centenas de toneladas de munição) e US$ 70 milhões, o que, segundo algumas estimativas, foi suficiente para equipar e financiar 50.000 milicianos. O interesse da CIA em financiar esses indivíduos, e outros homens fortes nas comunidades, continuou nos anos que se seguiram.

Mas além dos senhores da guerra recrutados dentro da estrutura da Aliança do Norte, a CIA estabeleceu laços políticos com outros líderes locais das províncias do Centro e do Norte do Afeganistão. Em todos esses casos, subornos foram usados para obter apoio com o objetivo de localização e neutralização dos líderes da Al-Qaeda. Isto contribuiu para a constituição de um verdadeiro exército de mais de 200.000 combatentes, liderados pelos senhores da guerra, até o final do primeiro mandato da administração Bush. Muitos senhores da guerra

CAPÍTULO III – A OCUPAÇÃO DO AFEGANISTÃO...

fizeram reivindicações fraudulentas a respeito da localização dos combatentes do Talibã, em tentativas de desafiar seus rivais e controlar seus vastos territórios. Em Candaar, por exemplo, Gul Agha Shirazi, com o auxílio da CIA, montou um verdadeiro aparato de inteligência que utilizava informações que se adequavam a seus próprios fins. Os senhores da guerra aprenderam que bastava designar algum acontecimento ou implicar alguém como portador de "ameaça terrorista" para receber ajuda imediata da CIA. Pacha Khan Zadran, um senhor da guerra do sul do Afeganistão, conseguiu atacar com sucesso autoridades tribais rivais e até aterrorizar vilarejos afegãos, sob o estratagema de que eles eram apoiadores do Talibã. Outros senhores da guerra se opuseram abertamente ao regime de Karzai e aos governos provinciais, com os quais as agências civis tinham estabelecido uma relação de trabalho. O candidato do governo afegão a governador em Khost, por exemplo, foi retirado com sucesso da disputa por um senhor da guerra apoiado pela CIA.

De acordo com avaliação da CIA, a diversidade étnica se dispersou em vários centros de poder, mesmo entre as forças da Aliança do Norte. De acordo com a CIA, o Afeganistão era um jogo de soma zero, um desafio extremamente difícil: unificar uma sociedade fragmentada e promover o desenvolvimento de uma identidade nacional porque cada grupo étnico tentava ganhar uma posição no governo muitas vezes às custas de outros grupos. Como a tentativa de entrar no governo é tomada a partir de uma abordagem étnica, e não nacional, a fragmentação da sociedade continuará até que um grupo étnico dominante controle todo o poder governamental ou a política étnica dê lugar a um conflito interno maior.

Embora fosse uma avaliação que dominava a orientação estratégica dos EUA, esse argumento de que os conflitos interétnicos faziam parte da história afegã, não encontrava respaldo nos fatos. Embora fosse verdade que o Talibã contava com o apoio de grande parte das tribos pashtun Ghilzai, já não se poderia dizer o mesmo em relação à maioria dos Durrani pashtuns, nem vários outros grupos pashtun do leste e do sul do Afeganistão. Além disso, os Talibãs e sua rede não estavam motivados a lutar por causa das preocupações étnicas e nem a população os apoiou ou outros grupos por causa de laços étnicos. A etnia também não foi úm fator importante na forma pela qual os afegãos votaram. Hamid Karzai venceu as eleições presidenciais de 2004 com apoio nas províncias pashtun, mas também nas províncias do norte não-pashtun. Em uma pesquisa realizada em 2004 durante as eleições presidenciais, apenas 2% dos afegãos disseram que votariam em um candidato com base na etnia.

Uma outra pesquisa de opinião realizada pelo Departamento de Estado dos EUA, constatou que a maioria dos hazaras, pashtuns, tadjiques e uzbeques não considerava a etnicidade como um fator de divisão entre eles. Pelo contrário, uma grande maioria (85%) achou essencial que o Afeganistão continuasse a ser uma nação, sendo que a maioria das pessoas se identificava em primeiro lugar como muçulmanos e depois como afegãos, mas raramente por etnia. Na verdade, no Afeganistão assim como em outros territórios que foram colonizados sempre esteve presente a estratégia dos colonizadores de dividir para reinar. A manipulação de diferenças dentro de grupos de oposição e a provisão de apoio às facções menores contra as maiores mantinha uma espiral de conflito que parecia não ter fim.

Revendo a literatura e relatórios de agentes, soldados e exploradores britânicos, historiadores observam que o termo "grupo étnico" era completamente desconhecido no século XIX no Afeganistão, sendo que muitos autores utilizaram diferentes categorias e referências em seus esforços para descrever e definir a população afegã. Alguns adotavam como sinônimos raças e

CAPÍTULO III – A OCUPAÇÃO DO AFEGANISTÃO...

nações, e apenas no início do século XX é que os acadêmicos estrangeiros e o governo começaram a dividir a sociedade afegã sistematicamente em categorias étnicas por diferenças de idioma, sectarismo, cultura, etc. Um antropólogo francês foi o primeiro pesquisador, que usou o termo "grupo étnico" para o Afeganistão e categorizou seu povo nas referências étnicas usadas até hoje.[59]

Já os líderes insurgentes eram mais motivados pela ideologia religiosa, do que pela etnia. É importante compreender que o termo ideologia empregado aqui significa uma visão normativa de como a sociedade deve ser estruturada, incluindo seu sistema político. Os Talibãs seguiam uma interpretação radical do islamismo sunita derivada do Deobandismo. Por exemplo, num manual de campo do Talibã intitulado "Ensinamentos militares para a preparação de mujahedin" havia a orientação para os muçulmanos sobre qual o comportamento mais justo a ser adotado em relação aos "usurpadores e ocupantes de nossa terra sagrada". Dizia o manual de forma clara e explícita: é o dever primordial de todos os muçulmanos pegar em armas e resistir àqueles que estão dispostos a destruir os muçulmanos em todo o mundo.[60]

Na prática, para os líderes insurgentes isso significava derrotar o governo de Hamid Karzai e seus aliados e substituí-lo por um regime que adotou sua própria versão extrema do islamismo sunita. Ou seja, havia uma grande quantidade de

---

[59] Sobre a questão étnica no Afeganistão ver: SCHETTER, Conrad. "Ethnicity and the political reconstruction of Afghanistan". *ZEF Working Paper Series*, n. 3, Bonn: University of Bonn, 2005. Disponível em: http://nbn-resolving.de/urn:nbn:de:0202-2008091124. Acesso em: 20.09.2021.

[60] ALI, Imtiaz. "Preparing the Mujahidin". *Combating Terrorism Center*, 2008. Disponível em: https://ctc.usma.edu/preparing-the-mujahidin-the-talibans-military-field-manual/. Acesso em: 20.09.2021.

afegãos insatisfeitos por causa do colapso da governabilidade e uma demanda por recrutas por parte de líderes insurgentes ideologicamente motivados. Esta combinação provou ser mortal para o início da insurgência do Afeganistão. Com o tempo, o pouco apoio do governo dos EUA e seus aliados, e o grande apoio aos insurgentes provenientes de outros Estados na região e da comunidade internacional jihadista ajudou a potencializar o conflitos.

Os senhores da guerra eram pouco confiáveis e mais motivados pelo dinheiro e pelos interesses próprios do que por qualquer tipo de nacionalismo. Quando a primeira equipe da CIA, Jawbreaker, chegou ao Vale Panjshir, no nordeste do Afeganistão, levou US$ 3 milhões em notas de US$ 100 para conseguir que os senhores da guerra lutassem contra o Talibã. No prazo de um mês, Jawbreaker recebeu mais de US$ 10 milhões. Em uma reunião entre o general Franks e o senhor da guerra Mohammed Fahim Khan, o afegão informou ao general que para atacar e capturar cidades importantes do norte, ele precisaria de US$ 7 milhões por mês. "Isto é um absurdo", respondeu Franks. Após várias negociações, o acordo foi fechado em US$ 5 milhões, abaixo do solicitado, mas um valor bem alto.

Em resumo, a estratégia dos senhores da guerra provou ser antitética para a construção da nação no Afeganistão. Cada senhor da guerra apoiado pela CIA tinha ambições poderosas e estava preparado para usar quaisquer meios para vê-las realizadas. Eram homens corruptos, mercenários e violentos que se dedicavam à tortura, à produção e ao comércio de drogas. Em todo o Afeganistão, os senhores da guerra intimidaram e reprimiram a população afegã, o que gerou mais ressentimento em relação à ocupação norte-americana e ajudou a fortalecer a insurgência liderada pelos Talibãs. Além de circunscrever os esforços de segurança da

CAPÍTULO III – A OCUPAÇÃO DO AFEGANISTÃO...

comunidade internacional, a estratégica do senhor da guerra impediu o estabelecimento de um aparato jurídico eficaz e um governo nacional com autoridade.

3.7 – O xadrez geopolítico na região

Enquanto cada um dos vizinhos do Afeganistão expressava publicamente um desejo de que o país se mantivesse unido e estável, nenhum deles, entretanto, compartilhava a mesma definição de unidade e estabilidade. No final, das contas cada um deles queria um Afeganistão que estivesse de acordo com seus interesses.

Rússia, Irã e Arábia Saudita passaram a se mobilizar no sentido de se articular com algum grupo afegão. Já as repúblicas da Ásia Central aproveitavam as identidades étnicas para facilitar as alianças. A Índia e o Paquistão sempre apoiaram forças opostas. Essa situação é o que alguns historiadores denominaram de "campos de jogo do Afeganistão", dinâmica que por vezes sempre chama a atenção do mundo.

O Paquistão queria um governo islâmico dominado por uma maioria pashtun, principalmente em Cabul, com o objetivo maior de islamizar a Ásia Central. Rússia, Uzbequistão, Turquia e Tajiquistão queriam um Estado dominado por afegãos tadjiques e uzbeques de islâmicos moderados, o que possibilitaria criar um espécie de zona tampão na camada norte do país para conter o fluxo da militância sunita radical em direção à Ásia Central a partir do sul do Afeganistão e do Golfo Pérsico.

Para esse fim, Moscou e a Turquia direcionaram grande parte de sua ajuda para alguns senhores da guerra, em vez de sustentar o regime de Karzai como um todo. O Irã, como sempre, visava um regime afegão que proteja as vidas e os interesses da minoria xiita historicamente perseguida no país, reduza a produção e a exportação de heroína permitindo a expansão do xiismo para a Ásia Central. A Arábia Saudita e os outros estados do Golfo, por outro lado, ainda exigiam o que reivindicavam durante a jihad antissoviética na década de 1990, um regime sunita, semelhante ao Talibã, que deveria bloquear a expansão do xiismo através do Afeganistão para a Ásia Central.

A Índia sonha com um governo quase secular em Cabul, que seja amigável a Nova Deli, que não promova o crescimento do sunismo nem do xiismo no Afeganistão e na Ásia Central, e que trabalhe com os serviços militares para espionar e conduzir a subversão no Paquistão, garantindo assim que Islamabad sempre tenha de se preocupar com a segurança e a estabilidade de sua fronteira ocidental.

A Operação *Enduring Freedom* permitiu aos EUA ganhar a posição de influência no Afeganistão e na Ásia Central, além de fortalecer sua presença no Paquistão – com a dependência econômica substantiva do regime de Musharraf. Mas converter essa posição vantajosa em ganhos estratégicos e materiais a longo prazo é um outro desafio.

A influência da Rússia no Afeganistão também avançou substancialmente – talvez até mais do que a dos EUA. A Rússia, provavelmente, contestará de toda forma os avanços dos EUA na região; assim como a China e o Irã. Os novos (ou renovados) laços dos EUA com o Paquistão e a Índia podem envolvê-los em suas disputas de difícil resolução, não apenas em Caxemira, mas também no Afeganistão. O aumento da dependência do Paquistão em relação aos EUA é duplo: manter Musharraf contra adversários internos o que não é barato nem fácil. Em resumo: traduzir a posição regional dos EUA em ganhos de longo prazo

CAPÍTULO III – A OCUPAÇÃO DO AFEGANISTÃO...

exigiria investimentos adicionais substanciais, compromissos e envolvimentos, e implicaria um risco significativo de conflito futuro, talvez em grande escala.

Tanto no caso da invasão do Afeganistão como no que resultou na guerra contra o Iraque, em 2003, a doutrina da grande estratégia dos EUA se baseou no chamado efeito do *bandwagoning*.[61] A lógica de "bandwagoning" se sustentava, por sua vez, como reação à famosa "teoria do dominó", que foi um fator crítico na decisão norte-americana de ir à guerra no Vietnã. De acordo com a teoria do dominó, se o Vietnã se tornasse comunista, outros países do sudeste asiático e, até mesmo em outras regiões no mundo, começariam a cair rapidamente sob o domínio da União Soviética.

Cerca de quarenta anos depois, a administração Bush pensou que poderia transformar a teoria do dominó em sua vantagem. Isto é, derrubando o regime Talibã e eliminando Saddam, isso resultaria num efeito cascata no Grande Oriente Médio, ou até mesmo em outras regiões do mundo. Os iranianos, os norte-coreanos, os palestinos, os sírios e todos aqueles que eram considerados inimigos dos EUA, diante de uma vitória esmagadora de suas forças, passariam, por medo de retaliação, a se alinhar aos propósitos da grande potência.

Trata-se de uma estratégia que envolve uma união pela submissão e pelo medo de represália do poder mais forte, em vez de unir-se a uma aliança para equilibrar contra o poder do mais forte. Simplificando, o equilíbrio é impulsionado pelo

---

[61] Sobre esse tema ver: MEARSHEIMER, John J. "Hans Morgenthau and the Iraq war: realism versus neo-conservatism". *Open Democracy*, 2005. Disponível em: https://www.opendemocracy.net/en/morgenthau_2522jsp/. Acesso em: 20.09.2021.

desejo de evitar perdas; o "bandwagoning" pela oportunidade de ganho. Além do mais, a teoria de "bandwagoning" prevê que os Estados se uniriam ao lado mais forte na esperança de escapar ou desviar a animosidade de um poder em ascensão, ou de compartilhar os despojos de vitória do Estado agressor. Richard Perle indicou que uma das fontes do efeito "bandwagon" poderia ser o benefício mútuo percebido pelos países aliados.

Mas não foi isso que aconteceu. Os países vizinhos e grupos armados não estatais, na expectativa do efeito de "bandwagon", também observavam com desconfiança a possibilidade de aplicação do modelo afegão em situações similares. Entretanto, uma das consequências não previstas pelos doutrinadores do *bandwagoning* era que a ocupação militar de tropas estrangeiras alimenta o nacionalismo, o que leva à insurgência, contrariando toda a lógica da diplomacia do "big-stick". A rejeição da ocupação estrangeira está profundamente enraizada na história do Afeganistão em que as várias forças do nacionalismo e de resistências locais são, geralmente, potencializadas, nesse contexto, levando em geral a um conflito prolongado e diário. As pessoas de regiões colonizadas acreditam fervorosamente no princípio da autodeterminação dos povos, que é a essência do nacionalismo e não querem que estrangeiros dirijam suas vidas.

CAPÍTULO IV

O RENASCIMENTO DO TALIBÃ

4.1 – Introdução

Quando o Talibã começou a se reagrupar em 2003 e iniciou seus ataques pontuais em 2005, como preparação para ofensiva em 2006, os afegãos que ainda acreditavam nos propósitos de reconstrução do país começaram a ficar preocupados e fizeram uma série de questionamentos. Por que a poderosa coalizão militar formada pelos EUA e a FIAS limitaram suas ações a algumas províncias para lidar com o Talibã? Por que os EUA e a OTAN eram lentos na construção da Forças de Segurança Nacional Afegãs FSNA para que pudessem assumir a responsabilidade em seu país? Porque os EUA continuavam a admitir a ingerência dos países vizinhos nos assuntos afegãos, especialmente o apoio do ISI paquistanês ao Talibã e a outros grupos insurgentes?

Não se pode, evidentemente, reduzir as respostas a essas perguntas apontando para uma única causa, como, aliás, já abordamos algumas delas nos capítulos anteriores e desenvolveremos nos próximos. Todavia, não coincidentemente, a situação no Afeganistão começou a deteriorar-se a partir de 2004, quando cresceram as ações dos vários grupos de insurgência no Iraque, tornando o país, como disse o próprio presidente George W. Bush, um "inferno". A promessa dos EUA e dos aliados de proporcionar a Democratização, a Libertação e a Estabilização, naquele país, deu lugar a uma prolongada guerra de insurgência e de atos terroristas. Sem dúvida, as guerras do Iraque e Afeganistão estavam plenamente conectadas, não porque os insurgentes nos respectivos países fizessem parte de uma suposta rede, mas sobretudo pelo fato de o governo Bush se ver obrigado, dado o montante de recursos humanos e materiais envolvidos, a optar por investir em uma ou outra situação.

O Iraque, e a questão mais ampla da segurança internacionalmente, foi o tema dominante na campanha presidencial de 2004 e teve um grande impacto no resultado. Em princípio, esperava-se, inicialmente, que as falhas da administração Bush na política iraquiana deveriam ter lançado sérias dúvidas sobre suas perspectivas de reeleição; mas, na prática, acabou sendo reeleito com diferença considerável em relação a John Kerry. Como explicar esse sucesso aparentemente inesperado? Ora, a opinião pública ainda estava impactada pelos atentados terroristas do 11 de Setembro, e Bush, enquanto presidente, alimentava as preocupações de segurança lembrando constantemente que era possível ocorrer novos ataques. Em 11 de março de 2004, uma série de bombas explodiu em três estações de metrô em Madri, matando duzentas pessoas, com vários indícios de que o atentado foi planejado pela Al-Qaeda. O medo do terrorismo voltou a assombrar a sociedade norte-americana.

Em debate com Kerry, Bush acusava seu oponente de ser inconsistente e mudar de posição a todo momento e a situação em que se encontravam os EUA não poderia haver hesitação: "[é] *necessário que vençamos. Estamos sendo desafiados como nunca antes, e temos o dever para com nosso país e para com as futuras gerações da América de alcançar um Iraque livre, um Afeganistão livre e de livrar o mundo das armas de destruição em massa*".[62]

---

[62] THE WHITE HOUSE. GABLES, Coral. "Remarks by President Bush and Senator Kerry in first 2004 Presidential Debate". *The White House*,

CAPÍTULO IV – O RENASCIMENTO DO TALIBÃ

Uma guerra representa um evento de convocação da nação, de modo que o público se movimenta atrás do presidente em tempo de crise. Por sua vez, isso desarmou – ou pelo menos reduz – as críticas da oposição às decisões políticas, que provavelmente serão acusadas de "antipatriótica"; o efeito, no final das contas, é que houve pouca cobertura da mídia sobre responsabilidades e desafios concretos, o que poderia alimentar as dúvidas do público sobre a firmeza de se conduzir uma guerra.

A administração Bush também se preparou, especialmente para as eleições presidenciais de 2004, para mostrar as realizações no Afeganistão. De forma geral, lideranças políticas e parte da mídia acreditavam, até certo ponto, que os EUA estavam vencendo a guerra contra o terror no Afeganistão.

Apesar da grande insegurança e instabilidade que ainda reinava em todo o Afeganistão, houve alguns sucessos limitados que foram explorados em peças de propagandas publicitárias. Por exemplo, uma nova estrada de Cabul para Candaar foi inaugurada em dezembro de 2003. Originalmente prevista para ser concluída em 2005, o projeto foi acelerado, alegadamente por ordem da Casa Branca. Tais projetos, no entanto, foram extremamente caros. A rodovia custou US$250 milhões, ou cerca de US$625.000 por quilômetro, uma vez que usinas de asfalto inteiras tiveram de ser transportadas por via aérea para a região. No entanto, foram anunciados planos para construir mais 1.400 quilômetros de rodovias e estradas secundárias, muitas delas no sul e no leste negligenciados. Doadores internacionais liderados pelos EUA também anunciaram planos para construir

---

2004. Disponível em: https://georgewbush-whitehouse.archives.gov/news/releases/2004/10/20041001.html. Acesso em: 21.09.2021.

uma grande barragem hidrelétrica, bem como novas escolas, tribunais e prédios administrativos.

A política dos EUA no Afeganistão era essencialmente projetada para dar uma aparência de estabilidade no país Afeganistão antes das eleições presidenciais de novembro de 2004. E a necessidade de realização de eleições livres para presidente no Afeganistão em outubro de 2004 era um importante trunfo para a administração Bush. O plano era supervisionar a primeira eleição de um presidente do Afeganistão pelo voto popular, seguido de um programa de reconstrução revigorado. Karzai usaria seu mandato de cinco anos e os poderes significativos que lhe foram concedidos pela nova constituição para construir instituições fortes, incluindo um exército nacional e uma força policial. Com isso, os EUA poderiam mostrar ao mundo a fachada de um progresso democrático.

Obviamente que essa abordagem soava bem no papel, mas apresentou equívocos imensos. Dadas a política em marcha dos EUA e a forma pela qual se configurava a assistência internacional, era simplesmente ilusório esperar que qualquer governo afegão conseguisse lidar com a corrupção desenfreada, o próspero comércio de drogas e as perigosas milícias privadas.

No final do ano de 2006, os sucessos militares do Talibã foram além das províncias de Helmande e Candaar onde, tradicionalmente, mantinha uma insurgência ativa. O Talibã controlava tanto o território que começou a ameaçar a sobrevivência do governo afegão. A era da esperança e da oportunidade que os EUA vislumbravam, desde final de 2001, quando o governo Talibã terminou oficialmente, chegava ao fim e a possibilidade de uma nova guerra civil era real. Estabeleceram um grau de estabilidade em suas áreas

CAPÍTULO IV – O RENASCIMENTO DO TALIBÃ

que não era muito diferente daquilo que era proporcionado pelo governo. Uma profunda crença na unidade como um imperativo religioso amorteceu o movimento da anarquia endêmica no sistema tribal.

No final do governo Bush, aquele ímpeto que movia a opinião pública, em geral, de conceder um "cheque em branco" a todos aqueles que conduziam a Guerra Global contra o Terror. Os eventos relacionados direta ou indiretamente à "guerra ao terror" tornaram-se temas frequentes debatidos na grande mídia dos EUA e da Europa, além de fazerem parte importante da agenda dos partidos Democrata e Republicano. Será que Bin Laden foi morto na batalha de Tora Bora no inverno de 2001 ou ele ainda poderia surpreender com novos ataques? As supostas ligações entre a Al-Qaeda e Saddam Hussein, que foram uma das principais justificativas para a guerra no Iraque, realmente tinham sentido? Qual era realmente a eficácia dos interrogatórios coercivos dos detidos da Al-Qaeda levados a cabo pelas comissões militares para julgar os militantes detidos em Guantánamo? Agir contra o terrorismo era uma justificativa legítima dentro dos limites de um Estado de Direito? Qual é a escala da ameaça que a Al-Qaeda e suas afiliadas representavam para o Ocidente?

4.2 – Um desafio chamado Paquistão

A movimentação dos talibãs na fronteira entre Afeganistão e Paquistão esteve restrita a apenas algumas das províncias dos pashtuns até 2005, quando então foi lançada uma ofensiva nas regiões ocidental e central. Em 2006, o número de ataques suicidas no Afeganistão foi de 139, um aumento de 400% em relação a 2005. Os ataques com IED[63] arquitetados pelo Talibã saltaram de 783 para 1.677, e o número de ações de combate subiu de 1.558 para 4.542. O coronel Sultan Amir Imam, ex-oficial da ISI, que havia treinado o mulá Omar e os "senhores da guerra" para combater os soviéticos, previu, em 2009, que o Talibã estava destinado à vitória final: "[t]enho trabalhado com essas pessoas desde os anos 70 e lhes digo que nunca serão derrotados. [...] Eles estão dando uma lição para o mundo".[64] As ofensivas do Talibã, em 2005, forçaram a administração Bush a elevar os níveis das tropas de 8.000 para mais de 18.000 em 2006. Os EUA também aumentaram o nível de ajuda econômica e aceleraram o crescimento do exército afegão de 21.000, em 2006, para 46.000 em 2008.

Apesar das unidades da coalizão lideradas pelos EUA exercerem vigilância contínua por drones na região transfronteiriça do Paquistão, homens-bomba e atiradores conseguiram se infiltrar em Cabul para realizar ataques terroristas em 2008. Um desses atentados quase matou o presidente Karzai, do Afeganistão, no estádio de Cabul enquanto ele comemorava o dia nacional afegão com uma grande multidão presente. As forças de segurança afegãs conseguiram matar os atiradores, mas três assessores que estavam sentados próximos de Karzai foram mortos. Após examinar seus telefones celulares, o governo afegão declarou que que tinha registros de gravação para fundamentar a alegação de que a inteligência paquistanesa estava por trás do

---

63 Manteremos a sigla em inglês, *Improvised Explosive Device*, por ser de uso corrente na mídia internacional. Trata-se de um tipo de artefato explosivo "caseiro".

64 HINDUSTAN TIMES. "Taliban will never be defeated, says Colonel Imam". *Hindustan Times*, 2009. Disponível em: https://www.hindustantimes.com/world/taliban-will-never-be-defeated-says-colonel-imam/story-cZ5hSfHogHtt6lrDrnA9oK.html. Acesso em: 21.09.2021.

CAPÍTULO IV – O RENASCIMENTO DO TALIBÃ

ataque. Um estudo da ONU concluiu que mais de 80% dos homens-bomba no Afeganistão haviam sido recrutados e treinados no Paquistão. Tudo isso demonstrava que uma das questões mais complexas na denominada Guerra Contra o Terrorismo não estava propriamente no Afeganistão, mas no país vizinho, Paquistão.

O mais intrigante é que, apesar das amplas evidências de que o Exército paquistanês estava orquestrando ofensivas do Talibã dentro do Afeganistão, a ajuda norte-americana ao Paquistão continuou em ascensão. De 2002 a 2009, o fluxo crescente de dinheiro dos EUA para o Paquistão se deu, ao mesmo tempo, em que havia uma maior presença do Talibã dentro do Afeganistão. Em 2004, a administração Bush nomeou o Paquistão como "grande aliado não pertencente à OTAN", uma posição desfrutada apenas pelos aliados mais próximos dos EUA fora da aliança militar. Isso permitiu que o exército paquistanês tivesse acesso a equipamento militar norte-americano de maior qualidade, inclusive drones. Os presidentes Bush e o paquistanês, Musharraf, mantiveram um estreito contato pessoal durante este período. Em 2007, o presidente dos EUA declarou que Musharraf era um aliado leal no combate ao terrorismo, além de promover a democracia em seu país.

Estima-se que os EUA transferiram um total de US$ 12,4 bilhões em assistência econômica e de segurança para o governo de Musharraf, após o término da Operação *Enduring Freedom* que derrubou o Talibã. Aqui não estão computados outros bilhões em ajuda militar secreta e outras formas de ajuda não oficiais. Por mais que possa parecer contraditório, é difícil encontrar uma explicação racional para isso, esses bilhões acabaram contribuindo indiretamente para o sucesso militar do Talibã.

Entretanto, no início de 2007, a administração Bush reuniu provas sólidas de cumplicidade de oficiais superiores paquistaneses com membros do Talibã, demonstrando que o ISI e o Exército prestaram assistência ao Talibã e a outros insurgentes de diversas formas: organizando refúgio e treinamento; fornecendo apoio militar e logístico, ajuda financeira e médica; auxílio aos insurgentes para cruzar a fronteira; fornecimento de informações para os insurgentes sobre movimentação das forças afegãs; planejamento de operações militares; e difusão da propaganda dos jihadistas.

Bush manifestou seu desagrado ao presidente paquistanês Musharraf sobre a duplicidade das ações do Paquistão, o qual refutou as alegações e manifestou sua determinação em manter a cooperação na luta contra os insurgentes. Mas, como os serviços de inteligência dos EUA já sabiam, o próprio Musharraf já havia feito vários acordos com o Talibã paquistanês e com os líderes tribais. Depois de anos, Bush, Cheney e Rumsfeld admitiram que a causa primária dos problemas no Afeganistão não se originou no Afeganistão, mas veio do Paquistão. Ficou claro para Bush que Musharraf não iria ou não poderia cumprir todas as suas promessas. Sem dúvida nenhuma, no final das contas, para o Paquistão, a ameaça indiana era muito mais importante do que a ajuda dos EUA.

Mais uma vez a situação do Iraque manifestou ser decisiva para a condução da estratégia dos EUA no Afeganistão. Quando as operações de contra insurgência começaram a dar resultados no Iraque, no início de 2008, o governo Bush voltou sua atenção para o Afeganistão, autorizando operações terrestres das Forças de Operações Especiais dos EUA no Paquistão contra o Talibã e a Al-Qaeda, em setembro de 2008. Em resposta, o governo do Paquistão, seus militares, o parlamento e a mídia advertiram que tais operações violavam a soberania do Paquistão. Claro que,

CAPÍTULO IV – O RENASCIMENTO DO TALIBÃ

além do Iraque, outro fator importante que pesou na decisão de Bush foram as eleições presidenciais. Os republicanos queriam repetir a estratégia eleitoral de 2004, querendo mostrar seu vigor na luta contra o terrorismo.

Mas o resultado foi o inverso do esperado. O ISI passou a enviar mensagens de que o Afeganistão fora "invadido" por estrangeiros e, portanto, haveria um apelo legítimo ao dever religioso, jihad, de cada afegão em defender seu país contra os EUA e os aliados (ou os kafirs, os "não-crentes") e o "traidor" governo afegão. A doutrinação aparecia por vezes em forma de uma pergunta para os afegãos (rurais) que se remetia para um passado cheio de significados. A questão que se colocava para os afegãos era se eles queriam ser um Shah Shujah, um "fantoche" britânico, ou um Wazir Akbar Khan, um herói afegão que lutou contra o Império Britânico? Era exatamente a mesma mensagem que a CIA e o ISI difundiram durante a ocupação soviética, agora retratando os EUA como um invasor ou ocupante e a administração Karzai como governo de "traidores" ou "não-crentes" que precisavam ser erradicados.

Além disso, a situação ficou ainda mais complicada para o governo Bush que, desde os atentados terroristas do 11 de Setembro, usava o Afeganistão como exemplo de que Estados que patrocinavam o terrorismo seriam alvos legítimos de ação militar. Mas agora estávamos diante de uma situação bastante semelhante, que era o apoio explícito do Paquistão ao Talibã. Os EUA vão atacar o Paquistão? A administração Bush havia assumido que queria "lutar com inteligência", mas o resultado desastroso dessa ação foi, de certa forma, deixar uma herança amarga para o governo Obama. Esses eventos ao final do mandato acabaram enterrando de vez a doutrina Bush que dizia não ver diferença entre os terroristas e aqueles que os apoiam.

4.3 – A economia política da violência

Muitos ministros, governadores e membros do Parlamento eram acusados de prática de uma variedade de crimes: crimes de guerra, abusos dos direitos humanos, posse de armas ilegais, tráfico de drogas ilícitas, corrupção, assassinato de opositores e sequestros. Embora não houvesse uma organização que os articulasse de forma orgânica, constitui-se um sistema semelhante ao da máfia. Além disso, muitos que compunham esse grupo eram proprietários de empresas de segurança privada, empresas de construção e ONGs que mantinham contratos vultosos com os EUA e a OTAN. Os EUA também os escolheram como parceiros para empreender sua guerra antiterrorista, com o objetivo de manter as rodovias, províncias e distritos seguros em troca de milhões de dólares. Alguns desses membros, na qualidade de autoridades nacionais ou provinciais, embolsaram boa parte desses recursos para fins de reconstrução.

Além disso, o grupo ocupava posições de destaque no aparelho de Estado, o que lhe permitia participar, direta ou indiretamente, em sequestros de afegãos e estrangeiros, na apropriação de terras e na exploração das minas de pedras preciosas. Em 2008, eles haviam conseguido reforçar suas milícias privadas, aumentando consideravelmente sua riqueza, e fortalecendo suas conexões tanto dentro do Estado como com agentes regionais em conexão com empresas e setores governamentais de outros países.

Os crimes não só ajudavam a financiar os atores antiestatais em toda a região, como era também um elemento-chave na campanha de guerra assimétrica, espalhando a instabilidade e o medo. Enquanto os laços da insurgência com o crime criam muitos desafios, o estado de insegurança contínua beneficia as elites de ambos os lados do campo de batalha, permitindo aos atores estatais e aos senhores da guerra, um incentivo financeiro

CAPÍTULO IV – O RENASCIMENTO DO TALIBÃ

para sustentar a desordem, independentemente de seus objetivos políticos mais amplos serem atingidos ou não. Tentativas de eliminar comportamentos ilícitos muitas vezes serviam apenas para alimentar a insurgência, especialmente quando a população dependia dos rendimentos do crime para sobreviver. Por vezes, os esforços para combater a insurgência podem até aumentar a demanda por atores criminosos para suprir os insurgentes e subornar funcionários locais corruptos.

O controle sobre tais recursos forneceu aos insurgentes oportunidades para ganhar capital político. Protegendo, por exemplo, a economia ilícita, os beligerantes podem garantir a subsistência da população local competindo com os esforços do governo. O que pode ajudar um grupo insurgente a favorecer ou ganhar legitimidade e apoio popular adicional, particularmente daqueles que se beneficiam das atividades econômicas que estão sendo protegidas. O quanto do capital político os insurgentes adquirem depende de uma série de condições, tais como a natureza da economia ilícita e a resposta do governo a ela.

O poderoso "sindicato do crime", composto de senhores da guerra, senhores da droga, ladrões de terra, contrabandistas, criminosos, ladrões e alguns indivíduos ricos, mantinha-se em torno do tripé: dinheiro, poder e armas, e não expressavam nenhum interesse no fortalecimento do Estado Nacional Afegão. Na verdade, seu *modus operandi* enfraquecia progressivamente qualquer possibilidade de construção democrática. Quando havia algum tipo de punição, o que era raro, o máximo que poderia acontecer era uma troca de ministério ou de província. Portanto, além de desempenhar um papel fundamental no enfraquecimento da governabilidade do Estado, as práticas autoritárias e abusivas forçaram milhares de jovens a se juntarem aos grupos insurgentes, reforçando assim o movimento.

153

Os três ramos do Estado – o executivo, o legislativo e o judicial – na realidade haviam se transformado em negócios privados e muitos de seus ocupantes se tornaram empresários políticos. Normalmente, funcionários de alto escalão nos níveis central e provincial pagavam regularmente somas de dinheiro para permanecer em seus cargos. Como eles alugavam seus cargos, os mais velhos cobravam os mais jovens e esses, por sua vez, espoliavam aqueles que tinham uma posição social mais baixa. Posições políticas importantes, como o Ministério das Finanças ou da Prefeitura de Cabul, eram vendidas pelo preço mais alto.

O resultado foi que, se um afegão precisasse de um serviço governamental, por mais elementar que fosse, como, por exemplo, solicitar uma certidão de nascimento ou pagar a conta de eletricidade – teria de pagar um suborno. Tratava-se de uma engrenagem que ia muito além das questões pessoais. O funcionário público tinha de pedir suborno para ganhar dinheiro suficiente, tanto para si mesmo como para seus superiores (a fim de manter sua posição de titular). Os Estados Unidos, no entanto, tornaram-se cegos ou cúmplices desse sistema.

O Talibã, por outro lado, havia estabelecido uma administração paralela, com o foco principal na segurança e na justiça. Seu sistema jurídico eficiente proporcionava rapidez e eficácia, que se aplicava a todos os afegãos, independentemente de sua posição, riqueza ou apadrinhamento. O Talibã era capaz de resolver um caso em poucos minutos, o que o governo afegão normalmente levaria meses ou mesmo anos para fazer, e mesmo assim os resultados muito provavelmente seriam mais injustos. Para se ter uma ideia como isso acontecia, basta ver um caso de problema fundiário. O governador do distrito pede um milhão de rupias paquistanesas a um homem que solicita regulamentação de sua propriedade, mas quando o homem frustrado leva o caso ao Talibã, eles o resolvem satisfatoriamente no espaço

CAPÍTULO IV – O RENASCIMENTO DO TALIBÃ

de poucas horas sem que o homem tenha de passar uma única rupia ou afghani.

Os afegãos que lutavam por democracia em seu país culpavam os EUA, em grande parte, por não terem uma política econômica clara. Enquanto os EUA falavam em ter comprometido bilhões de dólares para a construção da nação, os afegãos comuns só se beneficiaram de uma pequena porcentagem dos projetos de desenvolvimento pelas razões explicadas acima. O volume de gastos da comunidade internacional, como um todo, em ajuda ao desenvolvimento permitiria alçar o Afeganistão a uma melhor posição em termos de segurança e economia.

Cerca de 75% da população afegã vivia em função de atividades rurais, mas a política econômica dos EUA, se é que se pode dizer que havia uma, não lhe deu a devida atenção. A pergunta que se ouvia com frequência dos afegãos que lutavam por democracia era: por que os EUA não investem em nossa infraestrutura? Investimento em infraestrutura, argumentavam eles, teria criado oportunidades de emprego a longo prazo, reduzindo, consequentemente, a pobreza e a desigualdade. A pobreza e a alta taxa de desemprego forçaram muitos homens jovens – especialmente no sul e no oeste do país – a se juntar à insurgência Talibã por menos de algumas centenas de dólares por mês.

O que os norte-americanos descreveram alguns comportamentos como corruptos eram, aos olhos de Karzai, aliás convenientemente, apenas as duras realidades da política afegã, na qual a lealdade à família estava entre os mais altos imperativos. Trazer como exemplo o que se passava na família do presidente do Afeganistão ajuda a compreender como eram as articulações das outras famílias da elite afegã como a política e a economia. O meio-irmão de Karzai, Ahmad Wali Karzai (AWK), era um tipo de líder das famílias mafiosas. Segundo relatos de pessoas próximas, ele era calculista, carismático e agia por meio de extorsão e violência. Na mesma medida que havia segmentos do governo dos EUA que tinham relações muito próximas com AWK havia outros que o desprezavam profundamente. Era como um arquétipo do senhor da guerra venal. Espiões e líderes militares em Candaar – onde AWK controlava a maioria das atividades legais e ilegais mais importantes – o consideravam como um parceiro vital com o qual se podia contar.

A maioria dos membros do gabinete do presidente e seus potenciais rivais comandavam milícias pessoais e tinham recursos o suficiente para comprar ou aterrorizar outras pessoas. Embora os poderes de Karzai no papel fossem extensos, na prática, quase não valiam nada. Era AWK quem lhe fornecia uma base de poder independentemente de seus subordinados, teoricamente.

Outro irmão de Karzai, Mahmood Karzai, pelo contrário, foi mais descuidado em seus crimes. Quando o Banco de Cabul entrou em colapso em 2010, ele devia mais de US$ 22 milhões. Havia evidências de corrupção no Banco de Cabul, que havia feito uma série de investimentos obscuros e empréstimos a seus próprios acionistas. Mas se Mahmood era culpado também o era a maioria da elite afegã. As mansões pomposas que brotavam por toda Cabul era um sinal dessa nova elite em ascensão. Para se ter uma ideia do poder de Mahmood, basta constatar que apesar de haver documentação farta mostrando corrupção, não foram apresentadas nem mesmo acusações contra ele, seja no Afeganistão ou nos EUA.

O fundador do banco e os demais dirigentes, foram responsáveis por US$ 810 milhões dos US$ 935 milhões de perdas do banco e receberam, respectivamente, penas de prisão de cinco anos, e mais de uma dúzia de outros diretores foram

CAPÍTULO IV – O RENASCIMENTO DO TALIBÃ

condenados a penas mais curtas. Mas, apesar de os EUA usarem a palavra de ordem "accountability" ao exigir punições duras para os culpados, até cerca de um ano antes da revelação do escândalo, o banco era presidido por Henry Paulson, o antigo CEO da Goldman Sachs que saiu ileso desse episódio. O fato é que os Estados Unidos e outros doadores estrangeiros haviam derramado enormes quantidades de dinheiro em uma sociedade e muito embora fosse mais fácil acusar os "Estados falidos", houve benefícios para todas as elites, dos doadores e dos receptores.

4.4 – A terceirização da reconstrução

Como vimos no capítulo anterior, seja devido aos preparativos para a Guerra do Iraque, assim como a aversão ao projeto de construção de nações (Nation-Building), a administração Bush, na Conferência de Tóquio em 2002, entregou parte da responsabilidade dos custos de reconstruir as instituições afegãs a outros Estados. Atitude que ficou conhecida como a abordagem de "nação líder".

Nesse processo de reconstrução ganhou importante dimensão uma questão, em particular, que afetava, direta ou indiretamente, a vida de boa parte da população afegã que é o plantio e a comercialização das papoulas opiáceas. Autoridades norte-americanas e britânicas compartilharam planos de contenção e redução da produção de papoulas opiáceas com diferentes atribuições entre elas. Cerca de 7.000 soldados britânicos e forças de segurança afegãs participavam diretamente em algumas áreas dessas ações de controle das drogas. O governo britânico chegou a gastar US$ 60 milhões para promover outras colheitas legais na província, e a Agência dos Estados Unidos para o Desenvolvimento Internacional montou um programa alternativo de subsistência de US$ 160 milhões em todo o sul do Afeganistão, a maior parte dele em Helmande.

Os britânicos chegaram a apresentar um plano de redução do cultivo da papoula opiácea em 70% até 2008 e em 100% até 2013. Evidentemente que se tratava de uma propaganda visando o público interno para justificar a presença de tropas britânicas em outro país. Mas aconteceu exatamente o oposto: a produção de ópio aumentou em algumas centenas de toneladas, em 2001, para mais de 8.000 toneladas em 2007. O crescimento da produção foi de tal ordem que o Afeganistão chegou a fornecer mais de 90% do ópio mundial, o que permitiu a entrada de US$ 4 bilhões no Afeganistão, ou seja, mais da metade da economia legal total do Afeganistão de US$ 7,5 bilhões para aquele ano.

O Talibã se beneficiou em grande parte desse aumento substantivo, tanto financeira quanto politicamente, fornecendo segurança para as comunidades agrícolas do comércio ilícito de drogas. Nas áreas controladas pelo Talibã, os traficantes abriram mais laboratórios para processamento do ópio bruto em heroína, aumentando enormemente seu valor. O número de laboratórios de drogas em Helmande subiu de 30 em 2003, para 50 em 2007. Com esse montante de recursos, o Talibã impulsionou a corrupção no governo afegão, pois foi possível exercer influência em muitos ministérios, governadores de província e membros do Parlamento.

Um outro ponto importante é que, por causa dos programas de erradicação do ópio e a destruição dos campos de plantações (reais ou imaginários) ricos e pobres que viviam em torno da cultura das papoulas passaram a apoiar o Talibã que, diferentemente do governo, permitia o cultivo. Os ricos eram proprietários das terras de cultivo e os pobres agricultores que

CAPÍTULO IV – O RENASCIMENTO DO TALIBÃ

trabalhavam na terra, conseguiam 20 ou 30% do ópio, portanto, um trabalho lucrativo com autorização do Talibã.

Embora a ajuda internacional ao Afeganistão tenha produzido um impacto significativo na vida dos afegãos, não apenas o montante investido foi insuficiente, mas grande parte desses recursos foram entregues de forma ineficaz ou mesmo desviado de seus fins. Quase 40% de toda a ajuda, desde 2001, voltou aos países doadores sob a forma de lucros ou remuneração, e uma grande parte não conseguiu alcançar os afegãos mais pobres. Embora tivesse sido prometido um "Plano Marshall" específico para reconstruir o país e reforçar a segurança, isto nunca se concretizou.

Embora em alguns casos a vida tenha melhorado para alguns afegãos, mais da metade das pessoas ainda vivia abaixo da linha de pobreza; devido ao conflito, mais de trezentas mil pessoas foram deslocadas dentro do país e por volta de três milhões se dirigiram ao Irã e ao Paquistão. O nível e a entrega da ajuda imediata comprometida com o Afeganistão por doadores, no ano após a queda da proibição dos Talibãs, foram insuficientes e lentos para resolver os problemas. A invasão do Iraque teve um impacto significativo no Afeganistão, desviando a atenção econômica e política do país.

A comunidade internacional também não conseguiu honrar seus compromissos de ajuda. A CARE International, uma organização humanitária global, informou que o Afeganistão recebeu promessas de apenas US$ 75 por pessoa em ajuda externa, em 2002, e deveria receber apenas US$ 42 por pessoa durante os cinco anos seguintes. Em contraste, uma média de US$ 250 por pessoa foi prometida aos cidadãos da Bósnia, Timor Leste, Kosovo e Ruanda.

Além disso, havia claros sinais de que os danos que estavam sendo feitos ao Afeganistão eram de difícil reparação. A chance de cooptar e pacificar a maioria da população pashtun do país foi desperdiçada graças às políticas dos EUA que os tratavam como inimigos e, em vez disso, conferiram benefícios às elites tadjiques e usbeques. Além disso, a falta de um ordenamento legal efetivo no país significa que as organizações de ajuda não ousavam mais enviar seus trabalhadores internacionais para fora da capital, mais particularmente com o sul e o leste, que se tornaram as regiões mais perigosas. Após o colapso inicial do Talibã, por exemplo, dezesseis organizações de ajuda internacional começaram a operar na província sudeste de Zabul, mas cinco anos depois só restavam duas.

Um novo dilema presente nesse contexto de combates e reconstrução é que o governo dos EUA começaram a utilizar as forças militares para fornecer ajuda. Muitos funcionários das áreas de desenvolvimento e ajuda, passaram a reclamar que passou a ocorrer uma perigosa confusão entre as linhas que deveriam separar soldados e trabalhadores humanitários. Mas o argumento das forças de coalizão era que esta era a única maneira de conseguir ajuda para as inseguras regiões sul e leste. Pierre Krähenbühl, diretor de operações do Comitê Internacional da Cruz Vermelha, explicou o problema com o seguinte exemplo:

> Certo dia um oficial [militar] de assuntos civis entra numa aldeia e conversa com os aldeões sobre a reconstrução, e na mesma semana um trabalhador humanitário vai à mesma aldeia, conversa com os aldeões, [e] oferece ajuda humanitária. Para os aldeões, eles são os mesmos. Eles são ambos ocidentais, dirigindo veículos brancos. Alguns dias depois, há uma operação militar e possivelmente há vítimas entre os civis. Como as pessoas da aldeia fazem

CAPÍTULO IV – O RENASCIMENTO DO TALIBÃ

a distinção entre aqueles que podem ter sido usados para coletar informações para essa intervenção?[65]

4.5 – Quetta Shura: [66] uma "invenção" talibã

A primeira tentativa de proporcionar alguma organização aos diferentes grupos de talibãs dispersos no Afeganistão ocorreu já em 2002, no sul do país. Um grupo de líderes do Talibã montou um campo de treinamento em Gardi Jangal, uma tradicional base de traficantes perto da fronteira com o Paquistão na província de Helmande, onde também se encontrava um campo de refugiados afegãos.

A organização militar básica da Shura consistia em 23 grupos de cerca de cinquenta homens cada, para um total de 1.100-1.200 homens. O Gardi Jangal Shura nunca teve recursos para estabelecer qualquer tipo de estrutura de governança ou de um aparelho de inteligência e não remunerava seus combatentes. Os comandantes do grupo recebiam entregas de suprimentos no

---

[65] KRAHENBUHL, Pierre. "The militarization of aid and its perils". *International Committee Of The Red Cross*, 2011. Disponível em: https://www.icrc.org/en/doc/resources/documents/article/editorial/humanitarians-danger-article-2011-02-01.htm. Acesso em: 21.09.2021.

[66] *Shura* é uma palavra árabe que significa "consulta", "conselho" ou ainda uma assembleia com um corpo organizado de participantes em que há processo de tomada de decisão. Escolhemos seguir o uso adotado pelo Conselho de Segurança da ONU : "O Quetta Shura não é um termo geográfico, mas um conceito analítico que descreve o mais antigo grupo de líderes talibãs". Disponível em: https://www.securitycouncilreport.org/atf/cf/%7B65BFCF9B-6D27-4E9C-8CD3-CF6E4FF96FF9%-7D/s_2020_415_e.pdf. Acesso em: 21.09.2021.

Paquistão e os transportavam para o Afeganistão, usando rotas de mercados ilegais. O Gardi Jangal Shura era principalmente autofinanciado através de impostos religiosos, com algumas contribuições de "empresários" e traficantes e só era viável porque havia se apropriado de estoques de armas e munições remanescentes do exército afegão.

Apesar de seus recursos extremamente limitados, e de nunca ter adquirido notoriedade devido a suas operações relativamente de pequena escala, a breve existência do Gardi Jangal Shura foi de fato a primeira manifestação da "rede de redes" que se tornou uma marca registrada da resiliência Talibã responsável por grande parte dos conflitos de baixa intensidade no sul durante o ano de 2002. Em junho de 2003, deixou de existir devido à pressão da recém-formada Rahbari (liderança) Shura baseada na cidade paquistanesa de Quetta, que acabou por monopolizar o controle sobre todos os demais grupos talibãs. Na mesma época, havia esforços para aprimorar a organização da incipiente insurgência que estava ocorrendo no norte do Waziristão, onde o ex-co-mandante e ministro dos assuntos tribais do Talibã, Jalaluddin Haqqani, e sua comitiva haviam se refugiado após os ataques da coalizão militar em 2001.

As estimativas da inteligência dos EUA, no início de 2002, eram de que havia um máximo de 1.400 homens a quem a rede Haqqani poderia recorrer. Durante os anos de 2002 e 2003, membros dispersos do Haqqani começaram a se articular com os combatentes estrangeiros que passaram a ter grande representatividade com destaque para os árabes, provavelmente da Al-Qaeda. Mas, apenas quando esses grupos conseguiram demonstrar alguma capacidade de luta, o apoio das autoridades paquistanesas começou a fluir em quantidades significativas, o que significava uma reorientação da geopolítica regional.

CAPÍTULO IV – O RENASCIMENTO DO TALIBÃ

No início de 2003, Jalaluddin Haqqani e seus colaboradores mais próximos entraram em negociações diretas com as autoridades paquistanesas sobre a perspectiva de iniciar a jihad no sudeste do Afeganistão. Dessas conversações nasceu o Miran Shah Shura, em 14 de fevereiro de 2003, que derivou seu nome da localização de sua sede, na cidade de Miran Shah no Waziristão. O grupo tinha o objetivo de unir os esforços desorganizados das frentes e grupos locais descritos acima e estabelecer uma cadeia formal de comando, sistematizando e expandindo o recrutamento, e fortalecendo a logística.

Durante 2003, o Shura expandiu suas atividades, nomeando seus representantes para 46 distritos e quatro províncias, um desenvolvimento que lhe deu uma estrutura de comando e controle relativamente centralizada. Ao contrário do Gardi Jangal Shura, o Miran Shah Shura não era algo transitório e se tornou um dos centros de comando e controle do Talibã em número crescente.

Os principais líderes políticos do Talibã no sul do país demoraram mais para se reunirem e só começaram algum tipo de mobilização à medida que as restrições aos seus movimentos foram sendo gradualmente levantadas. Mas o mais importante eram os recursos que começaram a ser disponibilizados por diversas fontes. Foi assim que surgiu, em junho de 2003, o Rahbari Shura (Conselho de Liderança) que é frequentemente referido como a Quetta Shura pelo Talibã, uma complexa organização que conecta várias redes. O objetivo de seus membros fundadores, todos figuras importantes do Talibã, não era derrubar a administração Karzai, algo impensável naquele momento que mal estavam se organizando. A intenção era exercer pressão sobre os norte-americanos e o governo afegão na esperança de forçá-los a procurar algum tipo de interlocução.

O fato de lideranças legítimas do movimento terem ressurgido, permitiu uma captação de recursos mais sistemática e bem-sucedida para a elaboração de uma estratégia de médio e longo prazo. Uma das primeiras decisões do recém estabelecido Rahbari Shura foi a de nomear um tipo de governadores "paralelos" ou "das sombras" nas províncias e distritos. Como a situação era até então caótica e desvantajosa para o Talibã, com grupos e frentes que mal se comunicavam, a introdução do novo sistema se desenvolveu com muito sucesso. Fontes do Talibã estimaram o apoio financeiro externo entre 2003-2004 em US$ 20 milhões por ano, embora modesto para os objetivos de expansão, permitiu ao Talibã impulsionar suas atividades. Depois de 2005, os serviços de segurança paquistaneses disseram abertamente ao Talibã que sua presença no Paquistão seria completamente tolerada e que eles estariam até mesmo protegidos.

As equipes do Talibã cobriam seus rostos quando caminhavam pelas ruas e suas primeiras atividades eram sequestros e assassinatos de supostos espiões e colaboradores do governo, além de incendiar clínicas e escolas do governo. Por medo, funcionários do governo começaram a deixar os vilarejos onde viviam. Ocasionalmente, pequenos grupos de combatentes apareciam numa mesquita com algum mulá e pregavam a favor da jihad, na esperança de conquistar os aldeões que eram abordados mais para dar apoio logístico e permitir a entrada dos talibãs em seus vilarejos. Da mesma forma, homens de negócios foram abordados para obter financiamento. Aos poucos o Talibã começou a visitar as aldeias com mais frequência para doutrinar anciãos e aldeões, transmitindo sua própria visão dos eventos e criticando as atividades do governo, das forças estrangeiras e de qualquer outra pessoa que considerassem hostil. O Talibã usou principalmente as mesquitas para transmitir suas opiniões aos aldeões, dizendo-lhes que as forças internacionais estavam lutando contra o Islã e que era dever de todo muçulmano recorrer a jihad.

CAPÍTULO IV – O RENASCIMENTO DO TALIBÃ

Apesar do alinhamento com a Quetta, o Miran Shah Shura permaneceu em grande parte autônomo e manteve um aparato organizacional de campo diferente do Quetta, sobretudo, por ser uma única rede o que lhe permitia agir rapidamente.

Os primeiros rebeldes se organizaram em nível tático em torno de líderes talibãs locais de alguma reputação, que se tornaram comandantes dos grupos de combate. Como eles estavam emergindo em grande parte de forma espontânea e autônoma, eles variavam em tamanho e organização. Durante os primeiros anos da insurgência após 2001, um indivíduo que quisesse se juntar à jihad não ingressava inicialmente no Talibã como uma organização, mas sim buscaria fidelidade pessoal a um comandante. Esta relação era frequentemente definida por laços pessoais, familiares ou tribais, como expresso pelo termo *andiwal* ("amigo", "camarada", "irmão de armas"), usado para descrever um elo informal que estabelecia com o comandante local.

Quando a Quetta Shura começou a estabelecer seu controle sobre os demais grupos de combatentes, tentou sistematizar seu funcionamento por uma força fixa obrigatória de 25 homens em cada unidade. Na prática, como nem sempre era possível substituir rapidamente os combatentes mortos, e alguns deles se retiravam, o número real ficava muitas vezes abaixo disso. A maioria desses grupos era de caráter local e geralmente operava perto de suas aldeias, mas alguns eram móveis e capazes de se deslocar ao redor de sua província. Muitas vezes, um comandante talibã popular ou líder local reunia vários grupos ao seu redor, lançando uma "frente" dedicada a um mártir talibã ou a uma madraça em particular.

Durante 2002-2004, o objetivo foi em grande parte reestruturar o antigo Talibã e foi o suficiente para o grupo estabelecer sua credibilidade inicial como uma insurgência viável. Apesar do progresso na criação de uma organização mais sofisticada, o Talibã ainda tinha um longo caminho a percorrer para causar algum impacto mais significativo. Um líder do Talibã entrevistado reconheceu que a insurgência ainda não era apoiada generosamente pelos países vizinhos, faltavam-lhes os recursos necessários para uma campanha mais ampla em território afegão em 2004.

No segundo semestre de 2003, o Talibã já podia ser descrito como uma insurgência policêntrica, pois eles tinham dois centros de poder (Miran Shah e Quetta). Além disso, tanto a Quetta Shura quanto o Gardi Jangal Shura se estruturaram como "redes de redes"; em outras palavras, eles eram estruturas policêntricas em todos os níveis. Apesar de o aparato militar ser o foco da maior parte dos esforços de organização, subjacente a todos estes desenvolvimentos estava um aumento significativo do financiamento direcionado para a Quetta Shura.

O ano 2005 representa um ponto de inflexão para a insurgência, quando eles começaram a ir além dos círculos antigos, aproximando-se de mulá e anciãos de aldeias e líderes tribais para convidá-los a se juntar à jihad contra as tropas estrangeiras no Afeganistão, mas ainda lhes faltavam o amplo poder militar e a coordenação para causar ações em larga escala. Algumas áreas já tinham uma forte presença talibã, como a Província de Zabol, ao sul, mas em outros territórios o grupo ainda se encontrava nos estágios iniciais de organização.

Depois de 2004, uma das principais campanhas do Talibã foi contra a educação estatal. A Quetta Shura estabeleceu uma Comissão de Educação, que se encarregou de administrar a campanha no campo, incluindo em sua *layeha*, código de conduta emitido para os comandantes de campo, com instruções para

CAPÍTULO IV – O RENASCIMENTO DO TALIBÃ

atacar escolas que não cumpriam as regras estabelecidas pela liderança. A incorporação dessa decisão na *layeha* significava que todas as escolas de meninas e meninos que usavam livros didáticos e programas de ensino pós-2001 eram passíveis de serem atacadas. Fontes da FIAS estimam que os ataques contra escolas aumentaram em 65% em 2006.

A liderança central tinha de operar por consenso e dispunha de pouco poder para impor decisões em redes individuais; de fato, os comandantes de campo receberam ordens através do representante das redes nas províncias. Durante o período de 2005-2008, a organização se desenvolveu e se aperfeiçoou em comparação com o que existia antes, mas não se transformou efetivamente em um sistema de comando e controle, servindo mais para possibilitar e incrementar ações nas localidades.

Os mulás eram enviados para pregar nas mesquitas a partir de 2006, enquanto um esforço organizado foi feito para almejar o recrutamento de estudantes nas madraças paquistanesas. Agentes políticos e pregadores visitavam determinadas vilas ocasionalmente, nunca permanecendo por mais de uma ou duas noites. Entre outras instruções, eles diziam às famílias para não enviar seus filhos para servir nas forças de segurança afegãs. Os laços de parentesco e a hospitalidade local eram explorados para a investida inicial, após a qual indivíduos e comunidades se aproximavam gradualmente do Talibã.

Às vezes grupos criminosos eram contratados para desestabilizar a área, e uma vez que o Talibã lançava sua campanha de intimidação, as ameaças aos membros governamentais aumentaram e, o mais importante, começaram a ser levadas adiante. Em seguida, eles gradualmente expandiram o tamanho de suas forças armadas através do recrutamento local e da fusão de grupos para depois começar a intensificar as atividades militares.

Mas, um dos grandes desafios à expansão das atividades da Quetta Shura ocorria em províncias onde o Talibã não tinha apoio, mesmo quando dominou o país, na década de 1990, como era o caso da Província de Herate em que, praticamente, não houve recrutamento. O Talibã não tinha muito apoio comunitário em Herate, frentes locais autônomas que existiam antes da chegada da Quetta Shura ou outras formações talibãs não tinham nada a ver com o grupo. O Afeganistão ocidental, onde se localizava Herate, estava distante das linhas de abastecimento do Talibã vindas do Paquistão e, além disso, o terreno que tinham de atravessar para alcançar a região era na sua maioria plano e aberto, aumentando o risco de interceptação. Apesar disso, Herate servia como um exemplo das tentativas do grupo de alcançar novos círculos de apoio. Em 2005, teve início um movimento insurgente endógeno a partir de grupos que operavam independentemente do Talibã e tinham recursos muito limitados à sua disposição.

Dois anos depois, os comandantes locais foram gradualmente cooptados pelo Talibã, com o auxílio dos Guardas Revolucionários Iranianos que apoiaram financeiramente os grupos para inserir aliados dentro do Talibã. Durante 2007, a Quetta Shura iniciou esforços para deixar uma marca mais sólida de sua presença em Herate, enviando quadros destacados que ajudaram o Talibã a estabelecer uma presença mais direta, tornando suas bases e redes locais de apoio disponíveis. Mas, a grande virada em Herate ocorreu mesmo em 2008, quando a Guarda Revolucionária do Irã começou a fornecer suprimentos em um nível significativo. As linhas de abastecimento do Irã eram muito mais curtas e seguras do que as do sul e do oeste. Os iranianos também começaram a levar muitos de seus contatos e aliados nas comunidades locais em prol do Talibã, aumentando sua base de apoio e facilitando o recrutamento local. Gradualmente os

CAPÍTULO IV – O RENASCIMENTO DO TALIBÃ

insurgentes locais foram completamente absorvidos pelo Talibã, sem deixar nenhum traço de sua identidade anterior.

Quando o Talibã atacava, não havia propriamente dito, uma derrota das forças governamentais no campo militar. Juntas, as diversas forças tinham homens e armas mais do que suficientes para derrotar o Talibã. No entanto, o governo e seus aliados tribais estavam divididos por rixas e competição. Assim, não raras vezes acontecia que quando o Talibã atacava, algumas tribos trocavam de lado ou evitavam entrar em combate. Sem autoridade centralizada, o sistema de combate ao Talibã tendia para a fragmentação, mas à medida que o trabalho da Quetta Shura progredia, com o processo de centralização na captação de recursos, ficava demonstrada a ineficiência do sistema de segurança que a CIA e setores de Defesa do governo dos EUA construíram no país.

No início de 2005, apareceram sinais de que a arquitetura de segurança nacional do Afeganistão começava a desmoronar. As forças afegãs se mostraram incapazes de contra-atacar e proteger a população das ações do Talibã e outros grupos. Amrullah Saleh, chefe da agência de inteligência do Afeganistão, encomendou um estudo sobre o estado da insurgência no país. Saleh era da etnia tajique, Província de Panjshir que tinha sido um protegido de confiança do lendário líder da Aliança do Norte, Massoud, além de ter trabalhado em estreita colaboração com a CIA antes dos ataques de 11 de Setembro. Saleh buscou reorganizar a agência instituindo treinamento em todos os níveis, estabeleceu um programa de recrutamento baseado no talento e não na origem étnica ou familiar. Seu estudo foi baseado em relatórios de inteligência das agências, relatórios de informantes no Afeganistão e Paquistão, interrogatórios de detentos, reuniões com líderes do Talibã, entrevistas com comandantes do Exército Nacional Afegão e uma variedade de autoridades nacionais e locais. As conclusões do estudo foram alarmantes. A polícia e as forças militares afegãs estavam falhando em sua missão principal de forma gritante. Quando os aldeões e as comunidades rurais buscavam proteção da polícia, ela chegava tarde ou de forma errada e as forças dos EUA não conseguiam auxiliar nessas funções.

O general Durbin relatou à Condoleezza Rice, em junho de 2006, que não havia nenhum departamento no governo dos Estados Unidos que pudesse efetivamente construir a força policial de um governo estrangeiro. Os analistas governamentais ficaram alarmados com o estado da polícia afegã que deveria desempenhar um papel importantíssimo para ajudar a estabelecer a ordem nas áreas urbanas e rurais. No decorrer de quatro anos, o controle da polícia foi transferido entre três agências – da administração alemã em 2002, para o Departamento de Estado dos EUA em 2003, e finalmente para o Departamento de Defesa dos EUA em 2005. Mas os resultados estavam muito aquém das expectativas. A Polícia Nacional Afegã era frequentemente superada na condução de operações de contra-insurgência e de combate a narcóticos, assim como na repressão à infiltração transfronteiriça. Houve, inclusive, relatos de que no sul do Afeganistão, a polícia afegã chegou a colaborar com o Talibã.

A província de Helmande, uma das maiores e mais ricas províncias do Afeganistão, foi um dos grandes campos de batalha da Guerra, em que milhares de afegãos e centenas de norte-americanos e britânicos foram mortos. Sua riqueza provinha da papoula que era mais abundante do que em qualquer outro lugar do país, por ter uma irrigação mais abundante. Em 2006, a maioria dos agricultores cultivava papoula, obtendo um retorno melhor do que qualquer outra atividade econômica. Tanto é que não apenas o Talibã, mas o próprio governo taxava a papoula, proporcionando uma importante fonte de renda.

CAPÍTULO IV – O RENASCIMENTO DO TALIBÃ

Em 1º de março de 2006, o presidente Bush visitou Cabul para inaugurar a nova embaixada dos EUA. Durante a visita, o corpo diplomático norte-americano alertou que estavam previstos combates pesados em pouco tempo e que seriam necessários reforços. Nesse momento, a violência estava explodindo no Iraque, onde Bush acabaria "aumentando" os reforços e, pouca atenção deu ao Afeganistão. Para se ter ideia do quão distante da realidade do Afeganistão estava o governo Bush, que a embaixada dos EUA já estava elaborando planos para uma retirada dos EUA com transferência das responsabilidades de segurança para o exército afegão.

A ofensiva de 2006 catalisou a resistência à ocupação estrangeira e, ao fazê-lo, revolucionou a guerra. O ressurgimento do Talibã trouxe à tona a dinâmica da resistência versus ocupação. Um chamado de base religiosa para combater a ocupação infiel se espalhou por todo o Afeganistão. Ao passar de um movimento derrotado para se tornar vitorioso no campo de batalha, mais afegãos puderam ver o Talibã como combatendo um invasor estrangeiro e um governo fantoche. Ao mesmo tempo, a intensificação dos ataques aéreos e das operações norte-americanas contra o Talibã aumentou o sentimento de opressão e a obrigação de resistir. Uma série de pesquisas elaboradas por órgãos de segurança dos EUA mostrou opiniões favoráveis dos afegãos em relação aos EUA, caindo de 88%, em 2006, para 52% em 2010.

Depois de 2006, as oportunidades para acabar com o conflito se reduziriam drasticamente. Os talibãs se tornaram maiores e se acomodaram em todo o sul e leste do país. Com um vasto terreno sob seu controle, poderia mobilizar combatentes e aumentar as receitas a um ritmo impressionante. Já não era mais possível que as forças norte-americanas e afegãs conseguissem derrotá-los com o que haviam feito até então. Esperava-se que uma força policial e um exército de 150.000 homens devidamente treinados deveriam ter derrotado os cerca de 10.000 Talibãs, o que não aconteceu. Com o sucesso militar, os denominados "talibãs da paz", aqueles que um dia queriam fazer negociação política, cairiam no esquecimento.

4.6 – Sete anos depois: o Afeganistão ainda é uma ameaça

Enquanto o Talibã avançava sobre territórios no Afeganistão, em meados de 2005, Bush e sua equipe ainda acreditavam que o Afeganistão havia sido conquistado pela coalização militar. Karl Eikenberry, chefe do Comando das Forças Conjuntas no Afeganistão, participou de reuniões do Comando Central e das agências de inteligência e relatou que, com exceção de uma minoria de analistas, ninguém levantou sérias preocupações sobre o potencial da insurgência se tornar letal no nível operacional. Todavia, após chegar em Cabul, em 2005, Eikenberry visitou seus comandantes no campo e se espantou com o pessimismo que manifestaram em relação à situação da insurgência no Afeganistão. Depois de cerca de um mês no país, suas dúvidas aumentaram e acabou chegando à conclusão que as forças de coalizão estavam em "apuros".

Ao longo de 2005, Washington concentrou-se no Iraque, onde 140.000 soldados norte-americanos foram destacados, quando no Afeganistão contavam com apenas 20.000 militares. Uma vez concluídas as eleições parlamentares de outubro de 2005, Rumsfeld pretendia reduzir o número de forças dos EUA para entre 10.000 e 12.000 e concentrar-se ainda mais em operações de contraterrorismo ao longo da fronteira leste do Afeganistão.

CAPÍTULO IV – O RENASCIMENTO DO TALIBÃ

No início de 2006, a ofensiva que o Talibã vinha preparando desde 2004, sob as ordens do mulá Omar, estava pronta. O mulá Dadullah Lang, comandante do Talibã para o sul do Afeganistão, foi para o norte de Helmande onde conseguiu dominar vastos territórios. Os principais bazares se tornaram pontos de abastecimento do Talibã. Comandantes experientes e seus subordinados retornaram do Paquistão para suas aldeias para reconstruir seus antigos quadros. Dadullah conseguiu colocar em campo de batalha cerca de 4.000 militantes. A patente do Talibã era em grande parte de afegãos que viviam no Paquistão, frequentando normalmente uma madraça, cujas famílias eram originalmente de Helmande e Candaar. Dos combatentes, apenas uma pequena minoria eram punjabis, árabes ou outros muçulmanos do Oriente Médio e da Ásia Central, a maioria dos que eram recrutados pertenciam às comunidades locais.

Em 2006, a OTAN anunciou que aumentaria suas tropas no Afeganistão de 8.500 para 16.000. O destacamento marcou um ponto de viragem para a FIAS, que se concentrou em programas de reconstrução e desenvolvimento. A partir de então, as tropas internacionais passaram a empreender cada vez mais operações de combate. A partir de maio, as forças lideradas pelos EUA lançaram uma grande ofensiva contra o Talibã nas províncias do sul do Afeganistão denominada Mountain Thrust, a campanha foi a maior operação desde a invasão inicial e incluiu mais de 11.000 tropas da coalizão e de forças afegãs. Durante a ofensiva, o Talibã mostrou grande resiliência, capturando temporariamente várias cidades, apesar dos massivos ataques aéreos e do sistemático lançamento de mísseis. Após o episódio do Mountain Thrust, o Talibã lançou uma série de contra-ataques com grupos atuando pontualmente nas cidades. O número de ataques terroristas também aumentou significativamente. Em 10 de setembro de 2005, o governador da província de Paktia foi morto em um ataque suicida.

O Talibã e a Al-Qaeda adotaram táticas que haviam sido usadas pelos insurgentes no Iraque. Além do aumento dos atentados suicidas, houve uso sistemático de IEDs e bombas à beira da estrada com detonação remota. Os insurgentes também empregavam armamento mais sofisticado, incluindo munições perfurantes e mísseis antiaéreos guiados. As novas táticas e o armamento adquirido contribuíram para o aumento do número de vítimas entre as tropas da coalizão. Os combatentes talibãs estavam armados com Kalashnikovs, metralhadoras médias e granadas propelidas por foguetes (RPGs) com, pelo menos, o mesmo padrão que a polícia. O exército afegão ainda era muito pequeno para combater o Talibã por conta própria. Dos 70.000 soldados planejados, entre 2002 e o início de 2006, apenas 26.000 soldados haviam sido recrutados e mantidos.

Entre 2007 e 2008 houve uma avalanche de críticas feitas na mídia e no Partido Democrata, principalmente os senadores Barack Obama, Hillary Clinton e Joe Biden. As avaliações se dirigiam basicamente para o fato de que a Guerra do Iraque, assim como os erros de cálculo da estratégia afegã dos EUA (as falsas suposições discutidas no capítulo anterior, especialmente a estratégia da pegada leve), aliados à incompetência da administração fizeram com que aquela que seria a "boa" e "necessária" guerra no Afeganistão saísse de seu curso, permitindo que a Al-Qaeda e o Talibã aproveitassem as circunstâncias favoráveis para a volta triunfante no Afeganistão e Paquistão. Parecia, diziam os críticos, que o Presidente Bush estava repetindo o erro de seu pai após a retirada soviética do Afeganistão em 1989.[67]

---

[67] GARDNER, David. "Bush to pull 8,000 U.S. troops out of Iraq and reveals plans for a 'quiet surge' in Afghanistan". *Daily Mail*, 2008.

CAPÍTULO IV – O RENASCIMENTO DO TALIBÃ

A insurgência no Afeganistão havia crescido, consideravelmente, durante 2008. Durante a maior parte do mandato da administração Bush, os EUA se opuseram oficialmente às negociações com o Talibã sem a rendição de altos líderes talibãs e a renúncia da violência e do terrorismo por parte do grupo. De fato, em 2002, quando o ex-ministro das Relações Exteriores do Talibã, Maulvi Wakil Mutawakkil, tentou negociar com os EUA, ele foi preso e enviado à Baía de Guantánamo por mais de quatro anos. Houve esforços encobertos para convencer os líderes talibãs individuais a desertar e juntar-se ao governo Karzai, sem sucesso.

No entanto, no verão de 2008, a administração, sob pressão do governo Karzai, a ideia de entabular conversações entre o governo afegão e os líderes talibãs moderados tornou-se mais receptiva. Um dos proponentes das negociações foi o general David Petraeus, o qual afirmou que uma chave importante para reduzir a violência no Iraque havia sido a capacidade do governo central de cooptar líderes sunitas. O general norte-americano argumentou que uma abordagem semelhante poderia ser usada no Afeganistão para obter o apoio dos líderes regionais e locais e virá-los contra os extremistas talibãs e a Al-Qaeda.

Afirmamos inicialmente que não havia indicações de conexões entre insurgentes iraquianos e afegãos, mas ao longo do anos e o sucesso de novas táticas no conflito no Iraque também começou a ter impacto no Afeganistão. Um grupo de líderes insurgentes iraquianos chegou a se encontrar com o Talibã afegão, no final de 2006, e lhes fornecer certos treinamentos como, por exemplo, o uso da IED e a forma pela qual se operacionalizam os atentados suicidas. Cabul tornou-se um alvo importante para tais ataques e esse padrão continuou apesar de uma fatwa de vários ulemás, proclamando que "o suicídio é fortemente proibido pelo Islã". Os números falam por si mesmos: em 2005, houve 25 ataques suicidas registrados; em 2006, esse número subiu para 139; e, em 2007, para 160. Mas, se a tática foi importada do teatro de guerra iraquiano, as frustrações e motivações foram em grande parte nativas. Nos anos iniciais, um número significativo de homens-bomba no Afeganistão veio do Paquistão; mas a partir de 2007, a proporção de afegãos que executaram tais ataques saltou consideravelmente. As fundações do novo Afeganistão, tão "cautelosamente construídas", estavam agora desmoronando sob os pés de uma nova geração de talibãs.

As duas guerras, Afeganistão e Iraque, tornaram-se uma questão dominante tanto na disputa das primárias entre Obama e Hilary Clinton como também na campanha presidencial de 2008. Pode-se dizer que foi o principal tema das propostas sobre política externa de Obama, ponto nevrálgico na crítica aos republicanos. Para os democratas, o governo Bush decidiu atacar e ocupar o Iraque, uma decisão "impudente" às custas da Guerra do Afeganistão – uma guerra "boa" e "necessária". Tanto Clinton quanto Obama prometeram aos norte-americanos que, se ganhassem as eleições, retirariam as tropas do Iraque (a guerra da "escolha") e as deslocariam para o Afeganistão, a verdadeira guerra contra o terror.

Nos últimos meses da administração Bush houve uma nova urgência para ajustar a estratégia a fim de colocar a missão militar no Afeganistão no "caminho certo" para o próximo presidente. Como em 2001, o Afeganistão tornou-se novamente "uma questão de vanguarda" para Washington. Durante esse período, o general David D. McKiernan solicitou 15.000 tropas de combate e apoio, além das 8.000 tropas adicionais que Bush havia aprovado para destacamento no início de 2009.

Em suma, em 2008, a administração Bush estava sob enorme pressão devido à avaliação extremamente crítica de sua política no Afeganistão. A conclusão geral era de que precisava

CAPÍTULO IV – O RENASCIMENTO DO TALIBÃ

apresentar um novo plano estratégico. Devido à pressão interna dos atores domésticos – como o Congresso, a mídia/imprensa e os especialistas da área – o Presidente Bush, em 9 de setembro de 2008, anunciou a "Silent Surge"[68] para o Afeganistão. Seriam retirados 8.000 militares do Iraque, e 5.000 deles seriam realocados ao Afeganistão no final de seu mandato. Além disso, em novembro de 2008, Bush enviaria para o Afeganistão um batalhão naval seguido por uma brigada de combate para se juntar às 31.000 tropas norte-americanas já no Afeganistão. O aumento de 15% no número de tropas foi em resposta aos líderes seniores do Pentágono que há meses vinham pedindo mais tropas no Afeganistão para combater a crescente ameaça do Talibã. O declínio da violência no Iraque facilitou esse rearranjo. De fato, como Mullen admitiu publicamente, a administração Bush, devido ao envolvimento na Guerra do Iraque, não poderia fazer muito mais do que isso simplesmente porque não tinha tropas suficientes para se deslocarem para o Afeganistão.

Assessores de segurança, defesa e inteligência da Casa Branca conduziram importantes revisões da estratégia de guerra e missão geral no Afeganistão. Estas revisões avaliaram as divisões internas na política afegã: qual deveria ser o número certo de tropas no Afeganistão; se o caminho era aumentar os níveis das tropas no Afeganistão e adotar uma política robusta estratégia de contra-insurgência; como melhor gastar os bilhões de dólares; e qual foi a melhor maneira de lidar com a deterioração situação no Paquistão? Claro que, no fundo, a questão mais simples e, ao mesmo tempo, mas incômoda era: qual a razão pela qual os EUA não estavam vencendo no Afeganistão sete anos após a

---

[68] A imprensa cunhou o termo *Surge* quando houve um aumento repentino e grandioso no envio de tropas norte-americanas para o teatro de operações de guerra no Afeganistão e Iraque.

intervenção? Nos últimos meses da administração Bush houve "uma nova urgência" para ajustar a estratégia "para colocar a missão no Afeganistão no caminho certo" para o próximo presidente.

Essas questões podem parecer ingênuas ou mesmo traduzirem um "espírito nobre" de Bush com o seu adversário Obama. Na verdade, ao que tudo indicava, assim como em 2001, era que o Afeganistão novamente tornou-se uma "questão de Estado" e não apenas de governo. Um dos sinais que atestam isso, embora pouco comentado por historiadores e analistas, é que de forma inédita na história dos EUA, o governo democrata de Obama manteve Robert Gates como seu secretário de Defesa.

CAPÍTULO V

AFEGANISTÃO: A "GUERRA BOA" DE OBAMA

5.1 – Introdução

Enquanto concorria à presidência da república, em 2008, Obama apresentava-se como alguém que viria a corrigir os excessos do governo Bush com menção específica a condução da "Guerra ao Terror". Obama prometia retornar a uma política externa guiada por valores e princípios da democracia e dos direitos humanos mesmo lidando com o terrorismo.

Apesar da crise financeira de 2008, os gastos dos EUA com a Guerra ao Terror continuavam altíssimos. Para se ter uma ideia dos recursos demandados, apenas na prisão de Guantánamo os gastos estavam por volta de US$ 750.000/ano com 150 de detentos.

Como vimos anteriormente, Obama, enquanto senador, já era extremamente crítico em relação à guerra no Iraque, argumentando que se tratava muito mais de uma "Guerra de Escolha" do que propriamente de uma "Guerra de Necessidade", como era o caso da guerra no Afeganistão. Em 15 de julho de 2008, em um discurso proferido em Washington, Obama chegou a declarar que a guerra no Iraque era resultado de uma decisão política fracassada que fez com que os EUA se desviassem da crescente ameaça terrorista vinda do Afeganistão. Se eleito presidente, Obama prometeu que terminaria a guerra no Iraque retirando quase todas as tropas dos EUA dentro de dezesseis meses.

Na tentativa de se distanciar de qualquer possível herança do governo Bush, Obama também alegou que realizaria mudanças de cunho ideológico na política externa dos EUA. Assim, quando tomou posse, em janeiro de 2009, uma de suas promessas era dar uma "virada" na política de segurança dos EUA, no que muitos de seus conselheiros e apoiadores viam

CAPÍTULO V – AFEGANISTÃO: A "GUERRA BOA"...

como "a boa guerra" no Afeganistão em oposição à "guerra ruim" no Iraque, considerada uma causa perdida. Respondendo às recomendações de assessores e oficiais de inteligência dos EUA, a administração conferiu alta prioridade ao Afeganistão.

Em uma de suas primeiras ações como presidente, Obama assinou ordens executivas para o fechamento do centro de detenção na Baía de Guantánamo, um dos símbolos da Guerra Global ao Terrorismo do governo Bush, o que causou, inicialmente, grande impacto. A iniciativa, no entanto, não se concretizou, mas, além disso, não se propôs nem mesmo a fazer uma revisão dos fundamentos básicos da doutrina orientadora da guerra contra o terrorismo.

Em março de 2009, a recém-nomeada secretária de Estado, Hillary Clinton, anunciou que o governo deixaria de usar a frase "Guerra ao Terror", além de minimizar o tema do terrorismo em relação a outras questões que deveriam ser prioritárias como desarmamento e a não-proliferação nuclear.

Além disso, Obama manifestou interesse em realizar reorientações estratégicas. Queria mudar a prioridade no combate ao terrorismo, extraindo gradualmente as forças de segurança dos EUA no Iraque, enquanto aprofundava, por outro lado, o compromisso com a campanha no Afeganistão e no Paquistão, locais onde estavam aqueles que atacaram os EUA no dia 11 de Setembro, que ele caracterizou como a "verdadeira guerra contra o terrorismo". Obama afirmou ainda que faria isso de maneira não só mais eficaz do que seu antecessor, mas também mais transparente e cooperativa com os aliados e mais receptiva aos ideais democráticos do povo e do Congresso dos EUA.

Em março de 2009, Obama anunciou uma "estratégia abrangente" para o Afeganistão, ordenando o envio de 21.000 militares norte-americanos, incluindo 4.000 instrutores adicionais para treinar o Exército Nacional Afegão, conforme solicitado pelo general McKiernan. O presidente nomeou o experiente diplomata Richard Holbrooke, que teve atuação de destaque nas negociações de paz na Bósnia e Herzegovina na década 1990, para ajudar a abordar os aspectos socioeconômicos e diplomáticos do Afeganistão e do Paquistão juntamente com a campanha militar contra os insurgentes.

Em junho de 2009, para sinalizar inovação e uma nova estratégia, a administração mudou a liderança militar substituindo o general McKienan pelo tenente-general Stanley McChrystal, que havia servido como chefe das Operações Especiais dos EUA no Iraque entre 2003 e 2008. O general McChrystal submeteu sua avaliação inicial da situação de segurança no Afeganistão à administração, enfatizando que o objetivo dos EUA deveria ser proteger a população afegã e ajudar o governo Karzai a ganhar a confiança de seu povo, ao invés de operações de combate ao Talibã. O general apelou para uma estratégia de contrainsurgência completa e abrangente a fim de evitar um potencial fracasso da missão. Para isso, solicitou mais 44.000 soldados norte-americanos para lidar com a crescente insurgência do Talibã.

Entretanto, as autoridades do governo Obama como o secretário de Defesa Robert Gates, o conselheiro de Segurança Nacional, general Jim Jones e o vice-presidente Joseph Biden estavam inicialmente céticos quanto ao envio de tropas adicionais. Mas, após um prolongado debate entre seus assessores, Obama aceitou o argumento de enviar reforços para o Afeganistão: 21.000 soldados em março e, depois, outros 30.000 em dezembro, totalizando cerca de 100.000 tropas norte-americanas no país se somados aos que já se encontravam lá. Ciente do excesso de investimentos empregados nessa operação, conhecida como "The Surge", ele limitou os objetivos desse aumento das tropas

CAPÍTULO V – AFEGANISTÃO: A "GUERRA BOA"...

àquilo que considerava ser a razão principal do interesse nacional dos EUA: remover a ameaça terrorista à nação norte-americana.

Em 1º de dezembro de 2009, em discurso na Academia Militar de West Point, o Presidente Obama expôs resumidamente o que seria a estratégia de sua administração: "interromper, desmantelar e derrotar" a Al-Qaeda tanto no Afeganistão como no Paquistão, e debilitar a capacidade de grupos insurgentes de ameaçarem os EUA. O presidente articulou três objetivos: (*i*) impedir a existência de qualquer refúgio da Al-Qaeda; (*ii*) reverter o avanço do Talibã; e (*iii*) fortalecer o governo afegão e suas forças de segurança, tendo como prioridade a proteção da população afegã para ganhar sua confiança, em vez de procurar diretamente os talibãs.

Entretanto, como veremos a seguir, o grau com que Obama correspondeu às expectativas dessa renovação da política antiterrorista dos EUA, tanto em termos de ideias quanto de ação, é motivo de controvérsias.

Certamente houve sucessos e o principal deles foi, sem dúvida nenhuma, o rastreamento e a execução de Osama bin Laden no dia 2 de maio de 2011. Com isso, Obama conseguiu reivindicar, até então, aquilo que poderia ser considerado, pelo menos simbolicamente, como a maior vitória já alcançada na "Guerra contra o Terror" e que era motivo de frustração de seu antecessor George W. Bush. Quase dez anos após os atentados do dia 11 de Setembro, Obama, agora, poderia se vangloriar de, finalmente, ter derrubado aquele que era considerado o maior responsável pelo terrorismo internacional no mundo.

Mas a personificação excessiva em torno de Bin Laden mostraria, em pouco tempo, o quão falha era a política antiterrorista dos EUA, evidenciando que mesmo após sua morte, o problema estava longe de ser resolvido.

183

Nos três primeiros anos de seu governo, Obama conseguiu pacificar as cidades e distritos mais importantes do Afeganistão, deu novo vigor ao exército e à polícia afegã, angariou apoio de líderes afegãos e reduziu sensivelmente a capacidade de ação da Al-Qaeda. No entanto, os custos também foram altos. Entre 2009 e 2012, mais de 1.500 militares norte-americanos foram mortos e mais de 15.000 ficaram feridos. Assim, no curto período de três anos, houve mais baixas norte-americanas do que durante todo o período anterior de oito anos. No auge do seu envolvimento, os EUA chegaram a gastar, aproximadamente, US$ 110 bilhões por ano no Afeganistão.

Com o aumento das tropas norte-americanas no Afeganistão, o Talibã teve de adaptar suas estratégias e dinâmicas de domínio territoriais, como veremos a seguir. Apesar da ofensiva das tropas da OTAN terem provocado uma crise para o grupo insurgente, seus combatentes permaneceram ativos e conseguiram se reestruturar. Percebendo que não seria possível retirar as tropas norte-americanas do Afeganistão ao final de seu mandato, em 2012, como inicialmente planejado, Obama começou a operar uma mudança discursiva importante que era o de incorporar os talibãs no processo de paz do Afeganistão.

Todavia, sete anos após a invasão dos EUA, a estrutura de poder na sociedade afegã havia sido remodelada, de tal forma que, muito dificilmente, decisões pontuais dos formuladores de políticas em Washington resultaram em alguma mudança substantiva. Havia quatro estruturas de poder: o governo afegão; as forças internacionais; o crime organizado; e o Talibã. Os dois primeiros afetaram, com a justificativa de ser dano colateral, os afegãos que viviam sob a influência do Talibã, enquanto os dois últimos causaram danos aos que viviam nas cidades através de seus abusos de poder ou atentados suicidas. Ou seja, não havia segurança em lugar algum. Os oficiais militares paquistaneses

CAPÍTULO V – AFEGANISTÃO: A "GUERRA BOA"...

aproveitaram as reivindicações afegãs, assim como sua sensibilidade cultural e histórica de rejeitar tropas estrangeiras e lhes forneciam armas e dinheiro para lutar contra as forças "ocupantes", como os EUA e o Paquistão haviam feito nos anos 80 durante a resistência antissoviética.

Assim, a causa da insegurança (e da insurgência) era tridimensional: a combinação de suposições equivocadas da política dos EUA (internacional), que causou as reivindicações acima (internas), e, por fim, a interferência dos países vizinhos (regional). Em 2008, três tipos de insurgentes haviam sido formados: os ideológicos, os indignados (aqueles que haviam se juntado à insurgência devido a abusos do poderoso grupo do crime e das forças dos EUA e coalizão militar) e os econômicos (aqueles que haviam se tornado insurgentes devido à pobreza e ao desemprego).

5.2 – Obama autoriza "The Surge"

Para lidar com a escalada dos ataques cometidos pelos insurgentes por boa parte do território afegão, no final de 2008, o comandante da FIAS, General McKienan, havia solicitado à administração Bush a disponibilização de 30.000 soldados adicionais, além dos 35.000 que já operavam no Afeganistão.

Quando Obama assumiu o cargo, em janeiro de 2009, os ataques terroristas do Talibã estavam em ascensão, chegando em áreas próximas à capital afegã, Cabul, que até então, não havia sido atingida por qualquer um desses atos.

Além disso, para surpresa da administração dos EUA, a violência dos ataques dos militantes talibãs irrompeu, em 2009, especialmente na região de maioria pashtun, mais especificamente no sul e no leste do Afeganistão. Como vimos nos capítulos anteriores, já a partir do final de 2005, o Talibã e os outros grupos militantes começaram a cometer atentados suicidas e a usar os IEDs, provocando destruição das forças de segurança da OTAN e mortes aos civis afegãos, incluindo mulheres e crianças. Devido a escalada do Talibã e de outros insurgentes, por volta de mil membros das forças de segurança afegãs e quinhentos das forças da FIAS foram mortos, um aumento de 50% em relação ao ano anterior, em 2008. O Talibã usou as mortes civis causadas pelos bombardeios aéreos da OTAN como uma ferramenta de propaganda para mobilizar os afegãos contra as forças de ocupação.

Em 13 de fevereiro de 2010, os EUA e o governo afegão deram início a uma nova grande ofensiva de contra-insurgência conhecida como "Operação Marjah", que envolveu cerca de vinte mil militares, dos quais 20% provinham de forças afegãs sob o comando do general McChrystal. O combate deu-se em torno da cidade de Marjah, controlada pelo Talibã, com uma população de oitenta mil habitantes, predominantemente de origem pashtun, na província de Helmande, no sul do país.

A campanha não foi um ataque surpresa, pois houve avisos prévios à população para minimizar as baixas civis. Mas, justamente por causa disso, muitos militantes fugiram para seus refúgios seguros no Paquistão. Em 26 de fevereiro de 2010, a cidade foi ocupada pelas forças da OTAN e do governo afegão, passando a ser administrada por um respeitado líder tribal.

O caso se tornou um modelo para futuras campanhas militares contra as cidades talibãs no sul e no leste. Todavia, após um certo tempo, a operação revelou algumas consequências preocupantes para a coalizão militar. Os combatentes talibãs, que haviam fugido inicialmente da cidade, começaram a reaparecer

CAPÍTULO V – AFEGANISTÃO: A "GUERRA BOA"...

cometendo várias ações terroristas para garantir que os agricultores continuassem o cultivo e a venda da papoula, com o objetivo de assegurar uma renda estável para a insurgência contra as forças da OTAN. Estima-se que, somente em 2009, a renda obtida, pelo Talibã, com o comércio de drogas foi de US$ 300 milhões.

As forças da OTAN, lideradas pelos EUA, por outro lado, não conseguiram persuadir os agricultores afegãos a substituir o cultivo da papoula por outros produtos, pois a renda gerada com o ópio e a heroína era sempre mais alta. Além disso, não conseguiram proteger a cidade das constantes ameaças dos talibãs de seus ataques na periferia da cidade.

Em junho de 2010, uma reportagem na revista *Rolling Stone* revelou diálogos entre o general McChrystal e seus conselheiros com comentários depreciativos sobre Obama, o que resultou na demissão imediata do general. No mesmo dia, o Presidente Obama nomeou o general David Petraeus, chefe do Comando Central, um especialista em estratégia de combate ao terrorismo, que tinha adquirido notoriedade por reduzir a violência no Iraque.

No entanto, havia outros motivos para a troca no comando militar. Entre abril a junho de 2010, mesmo com as operações da OTAN no sul do Afeganistão, a violência insurgente aumentou 70% com diversos atentados suicidas, explosões, assassinatos e a utilização de IEDs. Ou seja, apesar de alguns sucessos pontuais, a operação conduzida pelo general McChrystal apresentou vários problemas. Esse cenário desencorajou a OTAN a lançar novos ataques contra a província de Candaar no sul até o outono de 2010. A situação em Marjah não apresentou melhoras até junho de 2011.

Como em 2009, a maioria das vítimas da violência, em 2010, era de insurgentes, mas entre os mortos estavam também centenas de civis e dezenas de crianças. De acordo com o Monitor de Direitos Humanos afegão, as baixas civis relacionadas ao conflito, em 2009, ficaram em torno de 2.412 mortes, enquanto em 2010, subiu para 2.800, sendo a maioria vítimas dos IEDs.

Em meio a essa escalada de violência, o general Petraeus assumiu o comando das forças da OTAN lideradas pelos EUA com a esperança de reverter a situação para que o governo pudesse colocar em marcha o plano de retirada previsto até julho de 2011. Uma de suas primeiras ações foi convencer o governo afegão a aprovar um programa para estabelecer forças de defesa locais. Com isso, Petraeus esperava proteger áreas remotas do país dos ataques do Talibã.

Em apenas um mês, a força do Exército Nacional Afegão cresceu consideravelmente, chegando a um total de 134.000 soldados, de modo a atingir a meta estipulada três meses antes do previsto. A Polícia Nacional Afegã, por sua vez, chegou a ter 115.000 membros, em outubro de 2011, a expectativa da OTAN era de alcançar o contingente de 170.000 homens.

Com a chegada de mais 30.000 militares, em agosto de 2010, as forças norte-americanas atingiram o número de 100.000 homens, sem contar as outras tropas fornecidas pelos aliados. Mas, justamente nesse momento, a situação de segurança no Afeganistão havia começado a se deteriorar: a insurgência talibã chegou a estar presente em 33 das 34 províncias. Para efeitos de comparação, em 2006, os insurgentes atuavam apenas em duas províncias. Em apenas um ano, os ataques aumentaram de 630, em 2009, para 1.353 em agosto de 2010.

A província de Candaar, bem como sua capital Candaar, localizada no sul do Afeganistão, era a principal base do Talibã e é um bom exemplo para compreender as ações que estavam em jogo. Desde 2006 e até meados de 2009, os talibãs foram responsáveis por governar a maior parte da região com o governo

CAPÍTULO V – AFEGANISTÃO: A "GUERRA BOA"...

mantendo sob controle apenas a capital e alguns poucos centros distritais e vilarejos.

No início de 2009, cinco mil soldados norte-americanos e canadenses estavam estacionados em Candaar, dos quais cerca da metade pertenciam às tropas de combate. A primeira parte do aumento de tropas chegou na região apenas na metade de 2009 e, mesmo assim, as operações de combate mais intensas só começaram no início de 2010.

A presença desse contingente, no entanto, foi insuficiente para fazer o Talibã retroceder. A população afegã da região era aterrorizada com assassinatos e atentados suicidas. A violência foi quatro vezes maior do que no ano anterior e o risco de que o Talibã recuperasse sua antiga sede de poder e pressionasse o governo Karzai até a beira do colapso tinha sido uma justificativa para impulsionar seus combatentes.

Diante desse cenário, em setembro de 2010, foi iniciada a "Operação Dragon Strike", um esforço conjunto civil-militar, em três distritos a oeste e ao sul da cidade de Candaar, com o objetivo de destruir e pacificar os santuários e as áreas de treinamento do Talibã. Cerca de doze mil soldados norte-americanos e da OTAN, e de sete mil das forças de segurança afegãs estavam envolvidos nessa ofensiva. A Operação deu um novo ânimo ao governo norte-americano. Em visita à província de Candaar, no posto avançado de combate enquanto a ofensiva era realizada, o secretário de Defesa Robert Gates disse estar "encorajado". Da mesma forma, o general Petraeus, por meio de uma nota, expressou otimismo sobre as perspectivas da guerra dizendo que a FIAS havia matado ou capturado cerca de três mil insurgentes e dezenas de comandantes.

Antes da Operação *Dragon Strike*, o comandante britânico, general Nick Carter, elaborou um novo plano para proteger

Candaar, chamado de Operação *Hamkary*, em novembro de 2009. O objetivo era garantir a segurança da cidade de Candaar, os distritos vizinhos e a comunicação entre eles. Os cidadãos deveriam ser cadastrados em bancos de dados biométricos de modo que todos que entrassem na cidade seriam pesquisados e registrados a fim de evitar o tipo de êxodo que tinha ocorrido em cidades, não haveria operação massiva com ataques aéreos nem bombardeios de artilharia. Além desse rígido controle permitir uma série de arbitrariedades acabou causando problemas para o crime organizado que procurava boicotar a operação.

Diante da alta concentração de forças da OTAN, muitos insurgentes fugiram para seus refúgios seguros em todo o Paquistão e, principalmente, no norte de Waziristão. Outros, no entanto, seguiram resistindo. Quando a operação foi iniciada, esses combatentes se espalharam para outras áreas, por toda a província de Candaar e em alguns distritos de Helmande, iniciando operações de terrorismo, como atentados suicidas e outros tipos ações próprias da guerra irregular em estradas e vilarejos. Assim, em 2010, cerca de 650 membros das forças de coalizão da OTAN foram mortos, um aumento de 40% em relação ao ano anterior.

Apesar disso, havia claros sinais de que a ofensiva causou uma crise no comando Talibã. Seus líderes estavam lutando para manter as rotas de abastecimento e os homens-bomba ainda não haviam sido acionados para a realização de ataques. Até mesmo os comandantes superiores estavam relutantes em seguir as ordens de seus líderes que tinham se escondido em Quetta, a província de Baluchistão, no Paquistão.

As autoridades norte-americanas decidiram ter cautela e declararam que os avanços em Candaar não eram suficientes para representar uma mudança substantiva no padrão geral do

CAPÍTULO V – AFEGANISTÃO: A "GUERRA BOA"...

conflito armado, sinalizando uma certa surpresa pelo fato de o Talibã ainda ter o controle sobre algumas áreas ao norte do Afeganistão.

Em um relatório sobre o andamento da guerra no Afeganistão realizado por uma equipe de assessores do governo dos EUA, divulgado no final de dezembro de 2010, constatou-se que a intensificação das ações das forças da coalizão conteve a rede terrorista Al-Qaeda e o impulso da insurgência Talibã no sul do Afeganistão. A análise reconhecia, porém, que os ganhos não eram permanentes e poderiam ser revertidos a menos que se fizesse mais progresso na eliminação ou na captura dos insurgentes que operavam a partir de refúgios seguros no norte de Waziristão, onde contavam com apoio dos militares paquistaneses.

O governo dos EUA reafirmou, então, sua estratégia de contrainsurgência anunciada em 2009 e reiterou sua intenção de começar a retirada de suas tropas a partir de julho de 2011. Mas havia também outro grande problema que volta e meia reaparecia, a complexidade das relações entre o papel que parte das elites políticas e econômicas tinham nesse intrincado jogo.

Na análise do governo Obama, uma das principais razões pelas quais o Talibã havia retornado a Candaar, a partir de 2005, era decorrente da precariedade das políticas do governo, da corrupção e do tráfico de papoulas de opiáceos associadas ao irmão do presidente afegão, Ahmed Wali Karzai, e ao comandante da polícia de fronteira Abdul Razziq. Entre 2009 e 2010, oficiais de inteligência de McChrystal passaram meses à procura de provas de ações ilegais de Ahmed Wali, mas nada conseguiram. De fato, é difícil conceber que o presidente Karzai apoiaria uma operação em que um de seus objetivos fosse arruinar sua própria base política em Candaar.

Assim, parte da operação norte-americana na região visava também o fortalecimento da administração governamental e, consequentemente, o enfraquecimento de Ahmed Wali e Razziq. O exército norte-americano e a USAID alocaram mais de US$ 400 milhões para Candaar, grande parte dos quais deveria ser destinado a projetos de infraestrutura de grande escala e programas agrícolas para pequenos agricultores.

Inicialmente apoiado pelos EUA, Hamid Karzai, da tribo pashtun, que representa 42% da população, foi eleito presidente interino do Afeganistão pelo congresso de líderes tribais conhecido como *loya jirga*, em 2002. Em 2004, ele foi eleito por votação popular presidente pelo povo afegão. O irmão de Karzai, Ahmed Wali Karzai, uma liderança política influente na província de Candaar, também denominado "senhor da drogas", dirigiu sua campanha de reeleição no sul dominado por pashtun.

Além disso, durante o primeiro governo de Obama, no dia 20 de agosto de 2009, foram realizadas as eleições presidenciais e provinciais do Afeganistão sob a supervisão da Comissão Eleitoral Independente. A Comissão de Reclamações Eleitorais, nomeada pela ONU, identificou fraude generalizada envolvendo milhões de votos e agendou nova eleição para 20 de novembro do mesmo ano. Mas quando Abdullah, o concorrente de Karzai, saiu da disputa, Karzai foi declarado o presidente eleito apesar das críticas de observadores internacionais. A administração Obama, a UE e a ONU receberam Karzai como legítimo líder eleito.

A melhoria da governança, que era alardeada como uma marca registrada da estratégia civil de contenção dos talibãs, não estava se revelando como o esperado. Pelo contrário, o velho sistema político tribal prevaleceu. Os comandantes norte-americanos tiveram de admitir que nada poderiam fazer contra a estrutura de poder montada por Ahmed Wali e Razziq, renderam-se aos

CAPÍTULO V – AFEGANISTÃO: A "GUERRA BOA"...

fatos e começaram a trabalhar em parceria com eles a partir de março de 2010.

A força desse sistema político envolvendo governos, líderes tribais e comércio de drogas se explicitou, ainda mais, em abril de 2010 quando o presidente Karzai, que desde 2006 havia evitado em assumir o papel de líder militar, viajou para Candaar e se reuniu com dois mil líderes tribais. Diante da multidão, ele perguntou a todos os presentes se queriam uma ofensiva contra as forças talibãs naquele momento. Todos responderam que não e, então, ele acrescentou: "poucas pessoas querem uma grande batalha ao redor de sua casa. Não haverá operação até que vocês concordem". Num lance de astúcia, Karzai conseguiu adiar a operação militar planejada pelas forças de coalizão indefinidamente.

No final de 2012, a província de Candaar estava em grande parte segura. Centenas de postos de defesa e controle haviam sido instalados e cerca de vinte mil militares e policiais norte-americanos e da OTAN patrulhavam as ruas e vilarejos. As principais rodovias estavam abertas. As escolas voltaram a funcionar. Para se ter uma ideia da mudança ocorrida, basta observar que a província tinha pelo menos 450 escolas e 200.000 alunos, um aumento significativo em comparação às 80 escolas e 60.000 alunos em 2009. Os militantes do Talibã que não depuseram suas armas haviam recuado até o Paquistão, principalmente nos distritos montanhosos do norte. Com as consideráveis perdas de território e de papoula a tributar, o movimento como um todo passou por 2012 e 2013 com escassez de fundos, o que restringiu consideravelmente suas operações. Uma estimativa é que a receita fiscal do Talibã, em 2013, foi de 40% do que havia sido em 2009. A Quetta Shura estimou que o Talibã havia sofrido 26.000 baixas, entre 2009 a 2011, de uma força estimada em até 70.000 combatentes no total.

Apesar do sucesso tático da campanha empreendida por Petraeus era difícil imaginar que os afegãos estivessem preparados para ter efetivamente forças armadas autônomas que mantivessem suas províncias seguras. Todo o processo, levando em consideração as variáveis tempo, dinheiro e vidas foi bastante oneroso. Para reprimir uma insurgência em uma única província, levou três anos e meio, com o envolvimento de dezenas de milhares de tropas; uma base aérea do tamanho de uma pequena cidade e um gasto de US$ 650 milhões para proteger dois milhões de pessoas. A intensificação das operações ("The Surge") no leste do Afeganistão terminou tão rapidamente quanto havia começado. As forças dos EUA começaram a se retirar em setembro de 2012 e as tropas da coalizão reduziram as operações conjuntas com o Exército e as forças policiais afegãs.

Mesmo com o forte engajamento de cerca de 150.000 soldados, sem contar o contingente das forças de segurança afegãs, a FIAS não foi capaz de derrotar o Talibã e nem mesmo conseguiu dissuadi-los a estabelecer negociações de reconciliação e reintegração com o regime de Karzai e o governo Obama. Apenas cerca de 25% do território afegão foi entregue às forças de segurança e havia sérias dúvidas se as forças da coalizão lideradas pelos Estados Unidos seriam capazes de proporcionar algum tipo de estabilidade até 2014, quando estava prevista a retirada completa do país, que deveria, portanto, estar estável.

5.3 – A reconstituição do "exército" Talibã

A partir de agosto de 2012, o Talibã não poderia mais se mover abertamente com armas ou explosivos sem se deparar com um soldado norte-americano ou afegão ou sem ser visto e combatido. A FIAS concedeu mais poder aos líderes locais para

CAPÍTULO V – AFEGANISTÃO: A "GUERRA BOA"...

formar novas forças policiais. Até 2009, quando houve ofensiva das forças da OTAN, as táticas do Talibã eram basicamente: reunir algumas dezenas de homens, ocasionalmente centenas, e atacar postos policiais. As táticas de emboscada contra as patrulhas policiais eram primitivas, e não havia capacidade para realizar ataques terroristas complexos. Essas táticas pouco sofisticadas eram suficientes, naquele momento, para enfrentar as polícias e milícias pró-governamentais afegãs igualmente mal treinadas e desorganizadas. No entanto, elas se mostraram inadequadas quando os norte-americanos intervieram.

O Talibã alterou sua forma de organização passando de um sistema de bases fixas geralmente em vales remotos, cavernas, casas seguras em aldeias, áreas onde tinham superioridade, para um sistema de bases e postos móveis. Para facilitar essa mudança, foi solicitado aos comandantes e quadros de combatentes que teriam de mudar de local com a maior frequência e que nunca deveriam passar muitas noites no mesmo lugar. Na realidade, o Talibã sempre havia usado "táticas de guerrilha", mas o que esses comandantes queriam transmitir agora era que a liderança impunha uma confiança mais exclusiva em tais táticas, ao mesmo tempo em que eliminava qualquer movimentação que levasse o Talibã a oferecer um alvo fácil aos ataques aéreos inimigos. Para os comandantes dos talibãs havia uma continuidade de táticas que eram escolhidas de acordo com as circunstâncias.

Mas, além dessas alterações táticas, um dos elementos mais importantes introduzidos pelo Talibã foi o uso de explosivos fabricados industrialmente. A inovação não estava propriamente na utilização de IEDs, que já estavam em uso desde 2002, mas o desenvolvimento de uma organização capaz de adquirir os componentes, montar os IEDs e implantá-los em escala industrial, a partir de 2006, que contou com a assessoria paquistaneses e árabes. Alguns oficiais da FIAS argumentaram que, em 2010, o Talibã havia ultrapassado a fase de "fabricação caseira" e desenvolvido uma verdadeira indústria de fabricação de IEDs. Em Helmande, as oficinas originais que produziam IEDs foram substituídas por unidades maiores capazes de produzir um IED a cada quinze ou vinte minutos.

Um outro importante ponto de inflexão foi o fornecimento iraniano de explosivos fabricados industrialmente, inicialmente em pequenas escalas até 2010, aumentando depois em muito maior escala em 2011 e 2012. Compactas e relativamente leves, elas eram modelos básicos, mas ainda assim taticamente superiores e mais seguras do que os IEDs tradicionais. Os iranianos também forneceram treinamento sobre como usar os novos explosivos de forma eficaz e com o mínimo de danos colaterais.

O Talibã construiu um enorme sistema de captação de recursos como tráfico de drogas, impostos, doações criminosas e outras. Em 2009, o Escritório das Nações Unidas contra Drogas e Crime projetou que o Talibã e suas afiliadas ganhavam de US$ 100 a US$ 400 milhões por ano com o tráfico de drogas. Os líderes do Talibã e seus aliados também recebiam doações, principalmente, de milionários da Arábia Saudita e de outros estados do Golfo Pérsico. As estimativas são que, em 2008, os insurgentes chegaram a receber por volta de US$ 106 milhões.

Além disso, os líderes do Talibã adotaram esquemas de sequestros e extorsões que incluíam a tributação do comércio de pedras preciosas, madeira ou contrabando de antiguidades. Os insurgentes também extorquiam pagamentos de subcontratados afegãos e ocidentais de empresas privadas de segurança. Não era de espantar que o Talibã fosse capaz de atrair os recrutas com pagamentos entre US$ 200 e US$ 500 por mês, mais do que as forças da OTAN lideradas pelos EUA eram capazes de pagar aos seus combatentes. As forças da coalizão e do governo Karzai

CAPÍTULO V – AFEGANISTÃO: A "GUERRA BOA"...

não conseguiram eliminar ou reduzir drasticamente essas fontes de renda que permitiram que o Talibã lutasse continuamente.

De acordo com a investigação do Subcomitê da Câmara do Congresso dos EUA, os serviços de inteligência e de segurança norte-americanos pagavam aos senhores da guerra milhões de dólares para proteger os comboios da OTAN. Os senhores da guerra, por sua vez, subornavam os talibãs para não atacar os comboios. Um senhor da guerra chamado Matiullah Khan, que chefiava um verdadeiro exército privado na Província de Oruzgan, construiu seu império ganhando milhões de dólares do exército norte-americano para proteger os comboios de abastecimento da OTAN e para combater os insurgentes talibãs ao lado das forças especiais norte-americanas.

A embaixada dos EUA em Cabul estimou que por volta de US$ 10 milhões por dia saíam do Afeganistão para Dubai, Emirados Árabes Unidos (EAU). Ahmed Zia Massoud, o ex--vice-presidente afegão, teria transportado US$ 52 milhões dos aliados de Karzai para os EAU em 2010. A crise do banco de Cabul que resultou em prejuízo de centenas de milhões de dólares foi atribuída a fraude e má administração por parte dos amigos e parentes de Karzai, incluindo seu irmão mais velho, Mahmoud Karzai, e outro empresário, Hassen Fahim, que eram acionistas do banco.

Em agosto de 2010, Karzai emitiu um decreto ordenando a dissolução de todas as empresas privadas de segurança até o final do ano, acusando-as de "saquear e roubar do povo" e de impedir o desenvolvimento das forças de segurança afegãs. Havia mais de cinquenta empresas de segurança com cerca de 24.000 pessoas. Alguns desses guardas eram estrangeiros, mas a maioria deles era de afegãos que escoltavam comboios de caminhões de abastecimento para as bases da OTAN, protegiam edifícios governamentais e militares, líderes políticos e empresários. Entretanto, no início de setembro, o general Petraeus emitiu novas diretrizes para adotar uma abordagem mais rigorosa na assinatura de contratos com essas empresas para garantir que o trabalho de contratação, cerca de US$ 14 bilhões/ano, não acabaria por beneficiar os senhores da guerra e lideranças locais que tivessem relação com os insurgentes. O financiamento era alocado para execução de uma vasta gama de bens e serviços, além de projetos de construção de pontes, estradas e escolas para os afegãos.

Em 3 de março de 2011, os helicópteros norte-americanos atingiram acidentalmente com foguetes nove crianças na faixa etária de 8-14 anos que estavam coletando lenha. Novamente, em 30 de maio de 2011, foram mortas quatorze pessoas, incluindo dez crianças, em um ataque aéreo a lares afegãos na província de Helmande. Karzai disse que as forças da OTAN estavam à beira de serem consideradas "ocupantes" em vez de aliadas.

5.4 – A redefinição estratégica de Obama

O presidente Obama passou a identificar o Paquistão como o epicentro do extremismo violento praticado pela Al-Qaeda, e que ele tinha uma causa comum com o Talibã ao deixá-los usar as Áreas Tribais Federalmente Administradas, especialmente o Waziristão do Norte e o Waziristão do Sul, como portos seguros para realizar ataques.

A administração Obama introduziu um aumento das tropas norte-americanas ("The Surge") no Afeganistão a partir de 2009, mas sua escolha tática foi o ataque com drones, principalmente, na fronteira com o Paquistão. Além disso, enviou ao

CAPÍTULO V – AFEGANISTÃO: A "GUERRA BOA"...

Congresso a proposta do Orçamento da Defesa para o ano fiscal de 2010, com início previsto em outubro. Pela primeira vez, os gastos com a guerra do Afeganistão foram maiores do que com a guerra do Iraque. O valor total destinado ao Departamento de Defesa era de US$ 664 bilhões, dos quais US$ 130 bilhões deveriam ser destinados para o financiamento das guerras: US$ 65 bilhões para o Afeganistão e US$ 61 bilhões para o Iraque.

A tática da "pegada leve" que passou a ser usada no Paquistão (e em outros lugares) era bastante sedutora para os formuladores de políticas de segurança, especialmente em um clima fiscal austero, quando o maior segmento dos gastos discricionários do governo dos EUA era o seu orçamento de defesa. Passaram a ser utilizadas tecnologias de guerra mais baratas que permitiam aos EUA se afastar cada vez mais da tradicional "forma de guerra norte-americana" (o combate terrestre) em um tipo de guerra permanente e silenciosa, longe do escrutínio público. Se tivesse sucesso, a nova abordagem de "pegada leve" poderia ser reproduzida em outros contextos onde houvesse ameaças à segurança nacional.

O Talibã afegão, a rede Haqqani e a Al-Qaeda estavam, em grande parte, localizados no norte do Waziristão. O líder Talibã, mulá Omar, vivia em Quetta, a capital do Baluchistão (Paquistão), como chefe da Quetta Shura. Osama bin Laden e Ayman al-Zawahiri encontraram abrigo na área de fronteira Afeganistão-Paquistão.

Como os militares paquistaneses não atacavam o Talibã afegão, a Al-Qaeda e os santuários da rede Haqqani no norte do Waziristão, limitando-se apenas a combater o Talibã paquistanês (Tehrik-e-Paquistão) no sul, Obama decidiu expandir a guerra para o Paquistão, autorizando a CIA a ampliar a campanha de ataques de drones contra militantes nessas áreas, com o apoio tácito dos militares paquistaneses.

Em 30 de setembro de 2010, um ataque aéreo da OTAN matou, por engano, dois soldados paquistaneses de seu Corpo de Fronteira. O governo paquistanês ficou tão indignado que imediatamente fechou sua passagem da fronteira noroeste para transportes de suprimentos da OTAN para o Afeganistão, tais como combustível, veículos militares, peças de reposição, roupas e outros suprimentos não letais que estavam sendo enviados da cidade portuária de Karachi. Foi somente após o subsequente pedido de desculpas dos EUA que o exército paquistanês reabriu a rota em outubro de 2010.

Apenas depois de uma série de ataques suicidas coordenados pelo Talibã paquistanês em muitas partes do Paquistão, incluindo centros policiais e militares, é que finalmente as forças militares paquistanesas lançaram uma campanha contra os insurgentes no Vale de Swat e no sul do Waziristão em outubro de 2009. Em 13 de dezembro de 2009, o governo do Paquistão declarou que havia derrotado o Talibã paquistanês[69] (TTP), embora os atentados suicidas ainda continuassem sem interrupção nas províncias do noroeste.

No início de 2010, o Congresso dos EUA aprovou uma ajuda não militar ao Paquistão de US$ 7,5 bilhões, durante um período de cinco anos, com a exigência de que o Departamento de Estado monitorasse os gastos. De acordo com os relatórios do WikiLeaks, o ISI do Paquistão tinha relações secretas com a insurgência afegã, mesmo com a bilionária ajuda anual dos EUA ao Paquistão. Obama manifestava cada vez mais seu inconformismo com esse comportamento dúbio dos militares

---

69 *Tehrik-i-Talibã Pakistan.*

CAPÍTULO V – AFEGANISTÃO: A "GUERRA BOA"...

paquistaneses, mas não conseguiu persuadi-los ou pressioná-los a colocar um fim nessa situação incômoda.

O ataque secreto ao esconderijo de Osama bin Laden na cidade de Abbottabad, a cerca de 35 milhas da capital do país, Islamabad, em 2 de maio de 2011, pelos Seals dos EUA, no qual Bin Laden e outras três pessoas, incluindo seu filho, foram mortos, foi realizado sem consentimento das forças de segurança paquistanesas, prejudicando ainda mais as relações com os EUA. Havia fortes suspeitas por parte dos setores de inteligência do governo Obama de que membros do ISI tinham conhecimento da presença de Bin Laden no país, há mais de cinco anos. As reiteradas negações das autoridades paquistanesas de que Bin Laden não estava vivendo em seu país, mas que ele poderia estar morto ou vivendo nas áreas do Afeganistão ou morto, foram provadas como falsas.

A partir de 2011, houve uma clara mudança estratégica por parte do governo norte-americano na qual o Talibã seria cada vez mais referido como parte legítima do contexto político do Afeganistão. Era uma tática para facilitar um acordo abrangente entre os atores políticos principais do país, embora se pudesse argumentar que a administração Obama precisava fazer isso para se concentrar em outras questões. Todavia, essa nova abordagem de Obama evitava tocar num ponto sensível para o *establishment* norte-americano que, desde o 11 de setembro de 2001, entendia que não poderia haver, sob nenhuma hipótese, territórios com governos suspeitos de abrigar terroristas transnacionais. O que, aliás, foi o principal argumento para atacar o Talibã, considerado um governo que apoiava o terrorismo, como Obama observou, durante a assinatura de um acordo militar com o Afeganistão em maio de 2012.

Em busca de uma paz duradoura, argumentou Obama, a América não tem projetos além do fim dos refúgios seguros da Al-Qaeda e respeito à soberania afegã. A redefinição estratégica dos EUA em relação ao Talibã como um ator mais flexível forneceu justificativas para uma política de mudança, possibilitando que os EUA se concentrassem exclusivamente no combate à Al-Qaeda, e não enfrentar a contrainsurgência do Talibã.

A dissociação discursiva que o governo Obama começou a elaborar a respeito das relações do Talibã com a Al-Qaeda constituiu uma tentativa de alcançar uma solução política para o conflito no Afeganistão. As conversações de Washington com vários elementos da liderança Talibã tornaram-se parte da nova narrativa, que diferenciava um movimento nacional nativo de um movimento militante transnacional. Também era uma forma de deixar os EUA com a "cabeça erguida" tendo alcançado algum tipo de estabilidade política e se vangloriando de ter derrotado a Al-Qaeda.

Uma estratégia alternando diplomacia e combate era a nova tática dos EUA. Era preciso, segundo essa orientação, atacar massivamente o Talibã para forçar a liderança Quetta Shura a ir à mesa de negociação com objetivo final de ter um tratado de paz abrangente com todos os grupos étnicos e o governo central. O general Petraeus – comandante dos EUA e da FIAS no Afeganistão entre julho de 2010 e julho de 2011 – foi categórico ao afirmar que se o Talibã pudesse ter suas capacidades reduzidas, as possibilidades de negociações seriam bem maiores. Entretanto, a intensificação da abordagem militar não conseguiu ganhar apoio da população local, pelo contrário, a narrativa de "ocupação estrangeira" difundiu-se e ganhou força entre os afegãos.

Como consequência, o presidente Obama começou a defender com vigor a redução das tropas e a eventual retirada

CAPÍTULO V – AFEGANISTÃO: A "GUERRA BOA"...

do país, antes mesmo de qualquer acordo. Avaliou-se que as ameaças terroristas estavam mais dispersas no Chifre da África, Iraque, Síria e até mesmo na região do Sahel. Isso exigia, segundo essa avaliação, uma abordagem mais descentralizada e ágil. O Afeganistão continuaria a ser um país importante, mas deveria haver um redirecionamento das prioridades de segurança nacional dos EUA. Como Obama declarou:

> A necessidade de uma nova estratégia reflete o fato de que a principal ameaça de hoje não vem mais de uma liderança centralizada da Al-Qaeda. Em vez disso, ela vem de afiliados e extremistas descentralizados da Al-Qaeda, muitos com agendas focalizadas nos países onde operam. E isso diminui a possibilidade de ataques em larga escala do tipo 11 de Setembro contra a nossa pátria, mas aumenta o perigo de ataque aos norte-americanos no exterior.[70]

Nesse discurso, o uso do termo "ameaça" pelo presidente apontou como os EUA entendiam qual seria o seu papel no mundo pós-11 de Setembro. Nesta linha, a política externa dos EUA seria essencial para a manutenção da própria identidade nacional norte-americana. Se, porventura, os EUA fossem percebidos como tendo fracassado no Afeganistão, teriam dado um "trunfo" ao terrorismo transnacional. Assim, os EUA só poderiam deixar o país apenas quando houvesse uma autoridade central viável com forças de segurança bem treinadas e que

---

[70] OBAMA, Barack H "Commencement address at the United States Military Academy in West Point, New York". *The American Presidency Project*, 2014. Disponível em: https://www.presidency.ucsb.edu/documents/commencement-address-the-united-states-military-academy-west-point-new-york-3. Acesso em: 21.09.2021.

poderia ajudar a manter a ordem política, além de impedir que os terroristas encontrassem um refúgio qualquer.

Desde a invasão, somente os EUA gastaram US$ 300 bilhões para o esforço de guerra no Afeganistão até 2010, mas a partir de então os gastos se elevaram a US$ 120 bilhões por ano para esse esforço. Até meados de 2011, foram mortos 1.500 militares norte-americanos e 12.000 feridos na guerra do Afeganistão. Dez anos de guerra sem mostrar resultados satisfatórios, numa época em que os EUA enfrentavam taxa de 9% de desemprego, déficit de US$ 1,6 trilhão e uma dívida nacional de US$ 14 trilhões, começavam a alimentar a demanda de membros do Congresso – tanto republicanos quanto democratas – a requerem que a administração Obama retirasse as tropas dos EUA o mais rápido possível, em vez de esperar até 2014.

CAPÍTULO VI

OBAMA SE RENDE AO TALIBÃ

6.1 – Introdução

Durante o discurso inaugural de seu segundo mandato, em 21 de janeiro de 2013, o presidente dos EUA, Barack Obama, declarou, confiante, que uma década de guerra estava chegando ao seu término e enfatizou: "nós, o povo, ainda acreditamos que segurança e paz duradouras não necessitam de guerra perpétua". Como vimos, durante sua primeira campanha eleitoral, em 2008, Obama dizia que iria se afastar da retórica e de grande parte da política se seu antecessor, George W. Bush, adotando uma ação contraterrorista moralmente aceitável, mais focada, eficaz, inteligente, ágil e justa.

Com a redução da assistência econômica dos EUA e a perda de empregos devido principalmente à grande presença das tropas norte-americanas no Afeganistão e no Iraque, o crescimento econômico afegão diminuiu de 14%, em 2012, para 0,8% em 2015. Dezenas de milhares de afegãos, especialmente aqueles que possuíam alguma formação educacional, emigraram para os Estados do Golfo, Europa, Estados Unidos e Índia. A pesquisa da Asia Foundation, em 2016, constatou que 66% dos entrevistados acreditavam que o país caminhava na direção errada, a satisfação em relação ao desempenho do governo nacional caiu de 75%, em 2014, para 49% em 2016. Além disso, a satisfação com a democracia caiu de 73% (entre 2009 a 2014) para 56%.

Durante o período de 2013 a 2014, houve um acontecimento no Iraque que afetou o curso do processo político no Afeganistão. Formou-se um novo grupo armado derivado da Al-Qaeda que havia sido derrotada, em 2007, durante uma forte ação militar dos EUA no Iraque. Mas, quando os Estados Unidos começaram a se retirar daquele país, em 2011, a organização recuperou sua força.

CAPÍTULO VI – OBAMA SE RENDE AO TALIBÃ

Em junho de 2014, o ISIS[71] invadiu o norte do Iraque e capturou a cidade de Mossul e regiões próximas a Bagdá. Seu líder, Abu Bakr al-Baghdadi, declarou o início de um novo califado islâmico. Em dezembro de 2014, Bagdadi emitiu uma nota contestando a legitimidade do título "miramolim" (líder dos fiéis) do líder do Talibã sobre todos os muçulmanos. Seu sucesso passou a chamar a atenção, atraindo apoiadores em todo mundo islâmico. Entre 2014 e 2015, afegãos e paquistaneses estavam adquirindo smartphones, especialmente nas cidades, e tomaram conhecimento de vídeos e mensagens do ISIS, glorificando as execuções sumárias e a decapitação de cativos e civis.

Foram constituídas pequenas células de líderes religiosos salafistas nas cidades e no campo com adesão até de alguns comandantes talibãs sob a justificativa de que agora havia uma verdadeira guerra santa sob a liderança do califa do ISIS. O novo grupo, constituído por afegãos e paquistaneses, recebeu financiamento de doadores na Península Arábica com salários entre US$ 500 a US$ 700 por mês, isto é, entre duas a dez vezes maior do que a compensação que o Talibã oferecia. Diante dessa situação, Akhtar Mohammed Mansour, que liderava o Talibã em nome de mulá Omar,[72] ordenou aos comandantes do Talibã, em todo o Afeganistão, que contivessem a todo custo a expansão do ISIS, eclodindo confrontos entre os dois grupos em várias províncias.

---

[71] A sigla ISIS refere-se exclusivamente às ações do Estado Islâmico no Iraque e na Síria. Já a sigla ISIL refere-se ao Iraque e ao Levante. O ISIS Khorasan (IS-K) refere-se a uma região histórica que abrange o nordeste do Irã, o sul do Turcomenistão e o norte do Afeganistão. Optamos por empregar ISIS que é o usado mais frequentemente e quando for o caso ficará claro que estaremos referindo ao IS-K.

[72] Não se sabe ao certo quando e do que morreu mulá Omar.

O ISIS se instalou nas montanhas ao sul da região afegã de Nangarhar, área de produção da papoula, próxima ao complexo de cavernas de Tora Bora, onde Osama bin Laden travou sua famosa batalha com as forças dos EUA. Os métodos de terror empregados pelos seus combatentes tiveram ampla circulação em vídeos de propaganda, a fim de exaltar sua força, mas que, entre as comunidades afegãs, causou enorme espanto. Por ser composto, em sua maioria, por estrangeiros, o ISIS teve grandes dificuldades em enfrentar o Talibã, que estava profundamente enraizado na vida das aldeias afegãs. Em uma série de batalhas intensas, entre julho de 2015 e janeiro de 2016, as forças do Talibã e do governo afegão conseguiram afastar os combatentes do ISIS.

6.2 – A batalha de Kunduz: virada na guerra

Enquanto Mansour enfrentava o desafio ideológico e militar devido à presença do ISIS no Afeganistão, um segundo desafio mais grave veio à tona. Antes de sua morte em 2013, o então líder mulá Omar deu permissão ao comitê político do grupo para prosseguir com as conversações de paz com o governo afegão e as forças ocupantes desde que houvesse retirada total das tropas estrangeiras. O novo líder talibã seguiu as orientações expressas de seu antecessor, mas começou a enfrentar a oposição de facções da linha dura dentro do próprio Talibã que questionavam o processo de paz.

Com a morte de mulá Omar, a ascensão do ISIS e as divergências na condução interna do Talibã, iniciou-se uma luta pela sucessão da liderança do grupo insurgente. Apesar de Mansour ter sido eleito como o novo Emir, houve oposição de grupos importantes alegando que a votação tinha ocorrido

CAPÍTULO VI – OBAMA SE RENDE AO TALIBÃ

sem uma Shura completa de todos os líderes talibãs já que havia acontecido no Paquistão e não no Afeganistão. Em meados de agosto de 2015, centenas de estudiosos religiosos e mulás reuniram-se durante semanas no Paquistão e acabaram resolvendo o desentendimento de modo que o assunto foi declarado oficialmente encerrado.

Tendo solidificado sua posição como o novo emir do Talibã, em agosto de 2015, Mansour coordenou uma série de ofensivas bem planejadas no norte, leste e sul do Afeganistão para atingir as capitais provinciais e seus distritos vizinhos numa escalada que impressionou as forças de coalizão. O objetivo de Mansour não era, primordialmente, conquistar províncias, mas obrigar o governo e seus aliados a reconhecer o status político do Talibã em um novo arranjo em Cabul.

Mansour autorizou ainda um ataque, em 28 de setembro de 2015, à cidade de Kunduz, que era defendida por milhares de policiais, militares e outras milícias, mas que já estavam exaustas e desmoralizadas por anos de luta. Relutantes em sacrificar suas vidas nos confrontos com o Talibã, grande parte se rendeu ou fugiu. Uma avaliação dos serviços de inteligência dos EUA feita, após batalha, descobriu que em nenhum lugar havia soldados ou policiais deixando seus postos devido à falta de munição ou quaisquer outros recursos. Ao contrário, faltava determinação por parte das forças de segurança. Dois dias após o início do ataque, os talibãs ocuparam a cidade. Era a primeira vez que uma capital de província havia caído. O presidente afegão Ashraf Ghani enviou, então, comandos e batalhões especiais do exército de Cabul acompanhados por forças especiais dos EUA com o auxílio de ataques aéreos norte-americanos. Os comandos talibãs optaram por ações de guerrilhas em ruas estreitas para desalojar e emboscar os comandos militares. A polícia e o exército tentaram retomar as áreas rurais vizinhas sem sucesso.

Durante um ataque aéreo, na noite de 3 de outubro de 2015, um AC-130 norte-americano, poderosa aeronave de combate, destruiu um hospital dos Médicos Sem Fronteiras, causando a morte de 42 pessoas, entre médicos e pacientes, e ferindo pelo menos quarenta pessoas. O evento chocou o mundo, pesando sobre os soldados e oficiais dos EUA que atuavam no Afeganistão a grave acusação de desrespeito aos mínimos princípios do Direito Internacional Humanitário. Após dias de combate, o governo, com o apoio das forças da ocupação, retomou o controle da cidade de Kunduz, mas as áreas rurais vizinhas permaneceram com os talibãs. No total, por volta de mil civis foram mortos ou feridos, além de treze mil famílias que foram deslocadas.

Apesar da derrota tática, pode-se dizer que a ofensiva em Kunduz foi uma vitória estratégica dos talibãs, pois demonstraram que tinham a capacidade de capturar uma província, estimulando outros a fazerem o mesmo em todo o norte do Afeganistão. Esse efeito de uma derrota militar com vitória estratégica foi, apropriadamente, comparado com o Batalha do Tet, em 1968, no Vietnã.[73] A relativa calma que há muito tempo reinava na região deixou de existir. Centenas de pashtuns se juntaram ou voltaram a se juntar ao Talibã nas províncias. No inverno, o Talibã atacou a capital da província de Baghlan e cortou as linhas de transmissão de energia elétrica para Cabul. No final do ano de 2015, territórios de seis províncias do norte estavam nas mãos do Talibã, algo inimaginável dois anos antes, quando Obama havia enviado milhares de tropas ao país.

---

[73] Considerado um caso clássico na análise de conflitos internacionais, a Batalha do Tet foi considerada, ao mesmo tempo, uma vitória militar e uma derrota política dos EUA e mudou o curso dos eventos posteriores.

CAPÍTULO VI – OBAMA SE RENDE AO TALIBÃ

Com o norte de Helmande em grande parte sob o controle do Talibã, Mansour voltou-se para o centro, onde se localizavam os distritos mais prósperos. Cerca de 4.500 soldados e policiais locais, sem contar as forças da capital, estavam agrupados ao longo do perímetro das terras agrícolas dos distritos e do deserto. Desde 2010, a aliança entre líderes tribais e fuzileiros navais foi considerada a pedra angular da defesa de Helmande. Mas as fortes perdas policiais e militares nos combates no norte da província sobrecarregaram as defesas do centro da província de Helmande.

Nessa situação de derrota iminente, o nível de corrupção da polícia, que já era alto, exacerbou-se com oficiais e comandantes militares se envolvendo na venda de suas munições ao Talibã. Outra fonte de corrupção era o que se denominava "soldados fantasmas", a prática de colocar nomes de pessoas que estavam ausentes das fileiras nos registros de uma unidade, para que comandantes retivessem seus salários ou que os passassem para Cabul, onde os oficiais exigiam uma parcela como contribuição.

Cerca de 1.800 combatentes talibãs conseguiram derrotar 4.500 soldados e policiais afegãos e reconquistaram quase todo o terreno que o grupo havia perdido durante o *Surge*. Apesar de soldados e policiais numericamente superiores, bem equipados em posições defensivas intactas, acabaram por abandonar o combate. Em conversa com a historiadora Malkasian, Omar Jan – considerado um dos mais talentosos comandantes da linha de frente afegã em Helmande – relatou: "eles correram! [...] eles tinham tudo o que precisavam – armas, munições – e desistiram!" Somente reforços de última hora das forças de operações especiais norte-americanas e afegãs foram capazes de salvar a província. Em 2015, mais de vinte mil soldados e policiais afegãos haviam sido mortos ou feridos, um aumento de cinco mil em comparação com o ano anterior.

6.3 – A mudança tática dos EUA

A ofensiva do Talibã, em 2015, levou a uma série de mudanças na política dos EUA. Obama havia decidido, em maio de 2014, manter por volta de dez mil soldados no Afeganistão em cinco bases principais até o final de 2015 e depois 5.500 mil soldados em torno de Cabul até o final de 2016 quando se esperava o fim da guerra. Em maio de 2014, as circunstâncias pareciam propícias a execução desse planejamento, pois o terrorismo internacional estava em seu pior momento.

Mas, apenas um mês depois, o contexto estratégico mudou: o ISIS ocupou Mossul, a segunda maior cidade do Iraque, e instituiu seu califado. O evento abalou a Casa Branca. Obama não esperava que os terroristas retornassem ao Iraque e assumissem um terço do país, voltando a ameaçar os EUA. A máquina de propaganda do ISIS atraiu voluntários de todo o mundo e desencadeou uma série de ataques terroristas em toda a Europa. A ascensão do ISIS também afetou a situação na política doméstica dos EUA. A porcentagem de norte-americanos que temia tornar-se vítima de um ataque terrorista saltou de 36%, em 2011, para 49% em 2015.

Desde 2009, a política dos EUA no Afeganistão procurava fortalecer o governo afegão e suas forças de segurança para que conseguissem se manter por conta própria, criando as condições para que os EUA pudessem eventualmente se retirar. Este objetivo tinha justificado a política de aumento inicial *Surge* com a justificativa de que houvesse uma retirada posterior. Apesar de anos de esforço e assistência, as derrotas de 2015 e 2016 marcam o fracasso do esforço de Obama em encontrar uma saída para esse imbróglio.

CAPÍTULO VI – OBAMA SE RENDE AO TALIBÃ

Apesar de continuar com o propósito de não alterar o plano de não enviar reforços, o presidente norte-americano reconheceu que o Afeganistão era vulnerável, especialmente após o ataque a Kunduz. No início de outubro de 2015, Obama decidiu deixar as 9.800 tropas no país até o final de 2016. Depois disso, ao longo do tempo, esperava-se reduzir até 5.500.

O general John Nicholson que sucedeu Campbell no Comando das tropas, em março de 2016, possuía uma vasta experiência no Afeganistão. Um de seus primeiros atos foi solicitar à Casa Branca autorização para realizar ataques aéreos mais livremente. Até então, por causa da "regra in extremis", os comandantes norte-americanos poderiam solicitar ataques aéreos apenas para salvá-los se uma grande formação militar afegã estivesse em perigo iminente ou em casos excepcionais para apoiar à polícia ou ao exército quando as baixas ou a perda de terreno pudessem colocar em perigo a posição do governo em uma província. A orientação fazia parte da estratégia mais ampla, adotada pelos EUA, desde maio de 2014, de evitar o combate direto com o Talibã, dedicando-se mais ao treinamento e aconselhamento nas ações contraterroristas.

Nicholson também solicitou permissão para enviar assessores norte-americanos para auxílio da polícia e de soldados afegãos em operações contra o Talibã. Em junho, Obama deu a Nicholson autorização para "efeitos estratégicos". Por três meses, houve intenso debate sobre o aumento das tropas nos círculos governamentais devido a proximidade das eleições presidenciais norte-americanas. O general Dunford controlava rigorosamente todas as informações sobre o planejamento militar e, durante as reuniões, expôs objetivamente os riscos e as opções militares de uma forma que Obama apreciou.

Obama temia deixar como legado um desastre militar iminente ao seu sucessor. Os funcionários da Casa Branca, assim como o secretário de Defesa Ashton Carter e o general Dunford acreditavam que havia uma ameaça terrorista e projetaram certas opções como agir. Os problemas no Iraque também pesavam sobre Obama, não apenas em relação aos danos físicos que os ataques terroristas poderiam provocar, mas sobretudo a reação popular que poderia desencadear.

O ressurgimento do Talibã com poder de combate fez com que Obama alterasse, novamente, o cronograma de sua estratégia de retirada do Afeganistão. Obama havia mudado drasticamente a estratégia dos EUA de destacar dezenas de milhares de tropas com o objetivo de derrotar o Talibã para uma pequena presença de alguns milhares com os objetivos minimalistas de conter eventuais ataques terroristas e impedir que o governo afegão fosse destituído. De certa forma, a ameaça do terrorismo, após o 11 de Setembro, colocou o desafio a todos os presidentes de escolher entre gastar recursos em lugares de muito baixo valor geoestratégico ou aceitar algum risco desconhecido de um ataque terrorista.

6.4 – O plano de retirada

Em maio de 2014, Obama explicou detalhadamente sua estratégia de retirada. Por volta de dez mil militares deveriam permanecer no Afeganistão por mais um ano após o fim das operações de combate em dezembro de 2014. Depois, esse número seria reduzido pela metade até o final de 2015 e, em dezembro de 2016, restaria apenas uma pequena presença militar na Embaixada dos EUA em Cabul. A estratégia de longo prazo dos EUA continha basicamente três elementos: aconselhar, treinar e ajudar as forças de segurança nacional afegãs. De acordo

CAPÍTULO VI – OBAMA SE RENDE AO TALIBÃ

com a Conferência Internacional sobre o Afeganistão realizada em Bonn em 5 de dezembro de 2011, os EUA e a coalizão internacional dariam apoio ao Afeganistão durante a "década de transformação" (2015-2024) para adquirir capacidade militar em áreas críticas, além promover "estabilidade regional e integração econômica", por exemplo, integrando o Afeganistão à economia do Sul da Ásia Central.

O governo afegão e o norte-americano assinaram o Acordo de Parceria Estratégica em maio de 2012 que abriu caminho para o Acordo Bilateral de Segurança de 2014 em substituição ao Acordo sobre o Status das Forças existente nos EUA autorizando a permanência de pequeno número de forças dos EUA no Afeganistão para treinar, aconselhar e ajudar as forças de segurança a conduzir operações de contraterrorismo. A partir de 1º de janeiro de 2015, essas operações antiterroristas seriam realizadas sob supervisão da OTAN.

No entanto, contrariamente às projeções de Obama, em seu segundo mandato, o sistema de segurança do Afeganistão continuava altamente dependente dos comandos e dos ataques aéreos dos EUA. Além disso, os talibãs estavam em um momento de ascensão, dominando, pelo menos, 16 das 34 províncias do Afeganistão com uma produção sem precedentes de papoula. Além disso, tinham acesso a centenas de milhares de jovens para recrutamento. Com seu território expandido, os líderes da Quetta Shura se sentiram tão seguros que autorizaram a transferência de dezesseis de seus membros responsáveis para o sul e o oeste do Afeganistão, principalmente para a província de Helmande. O Talibã ainda restabeleceu seu sistema judicial e permitiu a abertura de escolas e clínicas governamentais.

Por volta de 2015, a insurgência do Talibã, bem como o crescimento da Al-Qaeda e da ISIS, voltaram a ser uma séria ameaça ao governo afegão e à segurança nacional norte-americana e europeia, pela possibilidade desses grupos realizarem ataques terroristas. Em 2016, vários analistas já desenhavam um cenário que muitas partes do território afegão seriam perdidas para o Talibã e outros grupos insurgentes. Além disso, ficou claro que diferentemente das previsões do governo Obama, um governo aliado não era, necessariamente, capaz de manter os EUA e seus aliados seguros de ameaças terroristas.

Diante desse cenário, Obama fez uma série de alterações em seu plano estratégico. Em outubro de 2015, havia anunciado que manteria 9.800 tropas no Afeganistão durante o ano de 2016, reduzindo a 5.500 posteriormente. Em junho de 2016, Obama autorizou a Força Aérea e as tropas terrestres dos EUA a se juntarem às forças de segurança afegãs para combater o Talibã, quando julgassem necessário. Em julho de 2016, Obama alterou o plano de saída do Afeganistão e anunciou que 8.400 tropas dos EUA deveriam permanecer no Afeganistão até a posse do novo presidente em 2017.

Mas as informações colhidas pela inteligência dos EUA mostraram que os ataques aéreos não foram suficientes para encorajar os combates terrestres das forças afegãs, o que levou Obama a decidir diminuir sensivelmente as missões aéreas no Afeganistão. Durante o ano de 2016 estava em torno de oitenta ataques aéreos por mês, menos de um quarto da média de 340 ataques aéreos por mês de 2012. Em outubro de 2015, no auge das batalhas por Kunduz e Helmande, os EUA realizaram 203 ataques aéreos, enquanto no Iraque e na Síria o número de ações aéreas estava em torno de 500 por mês. Ao mesmo tempo aumentavam as baixas dos militares e policiais afegãos, o recrutamento e as deserções despencavam na mesma proporção. Batalhões inteiros e forças policiais distritais se dissolveram ou se tornaram ineficazes em combate. O estado de ânimo da polícia e do exército se esvaiu e sua derrota alimentou o medo na população.

CAPÍTULO VI – OBAMA SE RENDE AO TALIBÃ

6.5 – O projeto político do Presidente Ashraf Ghani

As eleições presidenciais de 2014 mergulharam o Afeganistão em mais um período de confrontos. Os candidatos principais, Ashraf Ghani e Abdullah Abdullah, acusaram-se mutuamente de fraude generalizada e ambos se declararam vencedores do pleito. Para evitar uma possível guerra civil, o Secretário de Estado John Kerry interferiu na disputa, contrariando a constituição afegã e a vontade expressa pelos cidadãos afegãos, e intermediou um acordo de compartilhamento de poder, onde Ghani tornou-se o presidente e Abdullah o principal executivo no novo governo chamado NUG (*National Unity Government*).

Esse processo de apaziguamento entre os dois líderes durou quase seis meses. Mas, tão logo esse acordo se consumou, Ghani e Abdullah permaneceram envolvidos em uma prolongada batalha sobre a distribuição do poder no interior do Estado afegão debilitando ainda mais a unidade de ação na área de segurança num momento bastante complicado. Embora as FSNA tenham conseguido controlar a segurança das principais cidades afegãs, quase um quinto das 34 províncias do Afeganistão e cerca de metade dos 398 distritos do Afeganistão permaneceram inseguros e sob constante ameaça do Talibã. Em muitos distritos, as capitais estavam nas mãos do governo afegão, mas os bairros eram dominados pelo Talibã. As estradas se tornaram cada vez mais inseguras, com recrudescimento dos roubos e sequestros. Além disso, enquanto perdiam territórios no Iraque e na Síria, cada vez mais combatentes do ISIS se deslocavam para os chamados "refúgios seguros" do Afeganistão e Paquistão.

Diante desse cenário, investidores e empresas começaram a retirar seus familiares e capital, frustrando os projetos de desenvolvimento econômico do novo governo afegão. Dezenas de milhares de afegãos, especialmente aqueles que possuíam alguma formação educacional, emigraram para os Estados do Golfo, Europa, EUA e Índia. A insurgência consumiu uma grande parte do tempo e da atenção do NUG que não conseguiu atingir nem mesmo 10% de suas metas previstas até o final da administração Obama. O Afeganistão continuou a ter um déficit de mais de 50% do PIB. Sem a ajuda militar e civil internacional, o Afeganistão não teria condições nem de pagar suas forças de segurança e funcionários públicos.

Segundo a análise de Ghani, a questão da insurgência Talibã somente poderia ser definitivamente resolvida se tivesse o apoio do Paquistão. Assim, em suas considerações estratégicas, ainda como candidato, Ghani calculou que se o exército paquistanês tivesse um parceiro confiável no governo afegão, poderia romper um histórico acordo tácito mantido com o Talibã. Por essa razão, considerando a histórica disputa indo-paquistanesa, Ghani adotou certas medidas para se aproximar dos rivais, como o projeto que visava a transferência de gás do Turcomenistão, mas os problemas de segurança no Afeganistão sempre impossibilitaram sua realização.

O gasoduto Turcomenistão-Afeganistão-Paquistão-Índia (TAPI), enviaria gás do Turcomenistão para as outras três nações. Ghani propunha uma parceria com a indústria na produção de fertilizantes e produtos químicos baseada no fornecimento de gás do Turcomenistão. Paquistão e Índia receberiam cada um 42% desse total – o restante seria comprado pelo Afeganistão. Os EUA apoiaram fortemente o plano do gasoduto, chamando-o de "um projeto transformador para toda a região". O projeto também era crucial para a Índia e para o Paquistão que enfrentam uma grave escassez de energia.

CAPÍTULO VI – OBAMA SE RENDE AO TALIBÃ

Além disso, o desenvolvimento econômico do Afeganistão poderia beneficiar indiretamente o Paquistão, o que levou Ghani a acreditar que seria levado em consideração pelo Paquistão, uma peça-chave nesse quebra cabeça geopolítico. Mas, o exército paquistanês não mudou seus cálculos estratégicos e se recusou a pressionar o Talibã para uma mesa de negociação sob a justificativa de que não exercia influência suficiente sobre o Talibã para fazê-lo. Sabe-se, no entanto, que o exército paquistanês conseguiu administrar bem a insurgência talibã até 2015.

Sem conseguir o apoio paquistanês, o governo afegão dirigiu-se, então, em 2015, a outros países da região, incluindo a China, a Arábia Saudita e a Turquia, na esperança de dissuadir o Paquistão a abandonar o que Ghani chamou de "estado não declarado de hostilidade" em relação ao Afeganistão, de modo a persuadir o Talibã a fazer um acordo de paz. Mas nenhum dos países parecia ter sido bem-sucedido em sua missão. A China, apesar de ter uma grande influência no Paquistão, não estava disposta a colocar em questão os bilhões de dólares de investimento em rotas de transporte no sul e centro asiático. A Rússia viu as conversações de paz como "eventos inúteis" e se recusou a participar, abrindo, ao invés disso, canais de comunicação diretos com o Talibã para trocar informações sobre o ISIS.

Ou seja, apesar dos esforços contínuos de Ghani, as conversações de paz com o principal grupo insurgente, o Talibã, fracassaram no final da administração Obama e as relações entre Afeganistão e Paquistão foram tão ruins quanto haviam sido durante a era Karzai. Mas em vez de ajudar o Afeganistão a se tornar um polo asiático, o Paquistão continuou com sua mesma política no Afeganistão.

Como acontece em toda guerra civil, de forma trágica, as famílias também se encontravam dilaceradas. Um exemplo disso, é o caso de uma mãe que perdeu três filhos na guerra; o mais velho, um talibã, foi morto pelas forças afegãs e seus aliados. Os dois filhos mais novos, que pertenciam à Polícia Nacional Afegã, foram mortos pelo Talibã e seus aliados. Ela relatou que faria de tudo para manter seu único filho vivo, longe da guerra, mas a possibilidade de que isso viesse acontecer, infelizmente, era muito remota em face da situação do país. Isso explica, por outro lado, porque os afegãos, por exaustão e sofrimento, passaram a apoiar qualquer que fosse o acordo de paz proposto.

Mas a guerra, como fato social, apresenta-se de forma diferenciada dependendo da perspectiva em que se colocam os atores envolvidos. No que diz respeito à segurança nacional dos EUA, o governo Obama anunciou ter atingido uma de suas principais metas em 2009, isto é, conseguiu impedir que o Talibã derrubasse o governo afegão e, o mais importante, para a opinião pública norte-americana, garantiu que grupos terroristas não fizessem ataques aos EUA a partir de uma base permanente no Afeganistão.

O cenário, no entanto, se alterou rapidamente, como vimos. Com a mudança de contexto estratégico, a situação na política doméstica dos EUA também se alterou. A porcentagem de norte-americanos que temia tornar-se vítima de um ataque terrorista saltou de 36%, em 2011, para 49% em 2015.

Durante a primavera de 2016, o líder Talibã Mansour não respondeu às tentativas do presidente Ashraf Ghani de negociar e diversificou as relações do Talibã com países estrangeiros, viajando regularmente ao Irã a fim de incrementar a compra de armas, além de solidificar o apoio que o Talibã vinha recebendo daquele país nos últimos anos. Em março, ao rejeitar a pressão do chefe do exército paquistanês Raheel Sharif,

CAPÍTULO VI – OBAMA SE RENDE

Mansour declarou publicamente que o Talibã não participaria de nenhuma negociação.

No final de 2016, ao término do segundo mandato de Obama, a guerra antiterrorista dos EUA havia dividido o Afeganistão em todas as suas dimensões. O aparelho de Estado encontrava-se sob uma intensa disputa entre as duas principais lideranças e seus correligionários de modo a repercutir em todas as instâncias governamentais. O governo contava com o apoio estrangeiro dos EUA e de alguns líderes tribais, mas apenas na medida em que pudessem usufruir das benesses materiais. O Talibã e seus aliados estrangeiros tinham apoio entre os jovens, principalmente nos centros urbanos e nas tribos no meio rural. A pobreza, o desemprego e a falta de perspectiva foram, na verdade, os principais fatores que alimentavam o apoio ao Talibã, o que dificultava, sobremaneira, a presença de tropas estrangeiras.

CAPÍTULO VII

TRUMP E OS "AMIGOS" TALIBÃS

7.1 – Introdução

Durante a campanha presidencial de 2016, tanto Donald Trump como Hillary Clinton quase não mencionaram a Guerra do Afeganistão. Ao invés disso, os temas debatidos eram migração, comércio, economia, ISIS, Síria e Rússia. Mesmo a atitude pública em relação à Guerra do Afeganistão nos EUA não foi tão intensa quando comparada às eleições presidenciais anteriores de 2008 e 2012. Isso ocorreu porque o Presidente Barack Obama, ao final de sua administração, diminuiu por volta de 20% a assistência financeira, assim como reduziu o número de tropas, chegando a menos de 10%, em comparação com os cem mil em 2012. A doutrina de segurança nacional nos EUA priorizava, agora, outras ameaças como ISIS e Coreia do Norte.

De certa forma, as escolhas estratégicas para o Afeganistão, no governo Trump, se reduziram entre aceitar ou não a solicitação do general Nicholson de envio de milhares de tropas norte-americanas para ajudar, treinar e aconselhar a FSNA ou permanecer com uma participação mais tímida. A rápida retirada total, tão almejada por Obama, não estava mais na mesa, pois era consensual entre as autoridades norte-americanas o receio de se repetir o que havia acontecido no Iraque, que acabou por permitir um enorme vácuo no qual o ISIS se desenvolveu.

Parte da administração, no entanto, era contrária à aprovação de mais recursos para o Afeganistão que, naquele momento, estavam em torno de US$ 45 bilhões por ano. Em termos reais, foram gastos mais recursos na reconstrução do Afeganistão do que na Europa após a Segunda Guerra Mundial e ainda assim, de acordo com o general Nicholson, apenas 57% dos distritos do Afeganistão eram controlados pelo governo unitário (NUG). Ou seja, na melhor das hipóteses, seria uma medida provisória, uma vez que era improvável sustentar qualquer tipo de política de longo prazo no país.

Trump temia que uma possível intensificação da guerra sem uma justificativa válida pudesse trazer danos políticos à sua imagem perante a opinião pública dos EUA a não ser que se adotasse uma nova estratégia política que visasse atingir também os refúgios do Talibã no Paquistão, de tal modo que pudesse trazê-los à mesa de negociações. Caso contrário, além dos elevados gastos econômicos, poderia haver um aumento do nível da violência no país. Em carta aberta a Trump, o Talibã explicava que foi feita a jihad porque suas terras haviam sido ocupadas pelos EUA e aliados e, portanto, sua resistência armada era legítima.

Trump pertencia ao grupo denominado de críticos pessimistas. Entre 2012 e 2014, em uma série de *tweets* e comentários amplamente divulgados nas redes sociais, Trump expressou suas opiniões sobre a Guerra do Afeganistão. Dizia ele: "chegou a hora de sair do Afeganistão. Estamos construindo estradas e escolas para pessoas que nos odeiam. Não é do nosso interesse nacional". Em outro momento disse: "temos de sair do Afeganistão. Nossas tropas estão sendo mortas pelos afegãos [sic] que treinamos e ali desperdiçamos bilhões. Vamos reconstruir os EUA". Trump sustentava que a América não poderia ficar no Afeganistão indefinitivamente para continuar o processo de reconstrução em benefícios de "bandidos" como Karzai. "Não faz sentido prolongar o envolvimento dos EUA", concluiu.

CAPÍTULO VII – TRUMP E OS "AMIGOS" TALIBÃS

Em outubro de 2015, o então candidato Trump em uma entrevista à CNN caracterizou a intervenção dos EUA no Afeganistão como um "terrível erro", argumentando que o NUG entraria em colapso rapidamente após a partida das forças norte-americanas e, portanto, a presença dos EUA no país era um mal necessário.

De certa forma, Trump manifestava a mesma ambivalência de Obama em relação ao Afeganistão, pois ao mesmo tempo que considerava a ocupação um fardo para os EUA, admitia a importância estratégica do país. Mas, diferentemente de Obama, para Trump, a questão do Afeganistão estava inserida dentro de uma lógica maior de se desfazer de todo e qualquer compromisso dispendioso que os EUA pudessem ter globalmente com operações de manutenção da paz, programas humanitários e a "construção das nações". Além disso, Trump não via os EUA como responsáveis pela promoção da democracia e dos direitos humanos, como queria Obama, interferindo nos assuntos internos de outros países.

O campo político dos chamados otimistas argumentava que Trump deveria ouvir o general Nicholson e aumentar as tropas dos EUA no Afeganistão. Os ganhos do Talibã eram esperados devido à retirada de cerca de 125.000 tropas dos EUA e da OTAN, mas, mesmo assim, apesar da corrupção e do clientelismo, esses "otimistas" avaliavam que a FSNA estava se tornando mais capaz e resoluta, conquistando a confiança da maioria dos afegãos. Além disso, da perspectiva da política internacional, a retirada dos EUA poderia permitir que o Afeganistão se tornasse novamente um "joguete" para as potências regionais.

Assim, para o campo otimista, o interesse estratégico dos EUA no Afeganistão era ser um aliado na luta contra grupos terroristas no Grande Oriente Médio e Ásia Central. O objetivo dos "otimistas" era mostrar a guerra do Afeganistão sob uma nova perspectiva, relacionando-a à guerra global contra o terrorismo que, aliás, foi um dos principais argumentos para convencer Obama, em meados de 2016, a abandonar seu plano de saída.

A grande maioria dos estrategistas norte-americanos oferecia novas perspectivas sobre o porquê do envolvimento da Rússia e do Irã no Afeganistão. Para eles, era possível que eles quisessem exagerar a ameaça do ISIS, assim como o fracasso dos EUA em derrotar o terrorismo e conter a produção de ópio. Segundo essa avaliação, esses países estariam usando o Talibã como um "cavalo de Tróia" para adquirir vantagens na barganha com os EUA em relação a assuntos internacionais mais amplos, como a invasão da Crimeia ou o acordo nuclear com o Irã, além de ganhar mais influência nos assuntos regionais. Em troca, o Talibã daria garantias a seus patrocinadores de que seu foco estaria restrito ao Afeganistão e não à propagação do islamismo radical.

O campo otimista aceitou o argumento que era essencial que o aumento de tropas fizesse parte de uma estratégia militar e diplomática integrada com objetivos claros. Mas reconheciam a relutância do Paquistão em combater os "refúgios terroristas" ou em abandonar o apoio dado aos grupos insurgentes, como um dos principais obstáculos que impediam os EUA de alcançar a tão almejada estabilidade no Afeganistão. De toda forma, insistiam que os EUA deveriam sustentar o FSNA até que o impasse com o Talibã fosse revertido, obrigando-o a rever seu cálculo estratégico de vencer militarmente e assim aceitar um acordo de paz.

7.2 – Negociar com o inimigo

Três meses depois de tomar posse como secretário de Defesa de Trump, James Mattis, um general aposentado do Corpo de

CAPÍTULO VII – TRUMP E OS "AMIGOS" TALIBÃS

Fuzileiros Navais que comandou a Primeira Divisão no Iraque, em 2003, foi para o Afeganistão e ficou plenamente convencido de que os EUA estavam perdendo a guerra.

A nova administração iniciou, então, uma revisão da estratégia no Afeganistão e no Paquistão, em março de 2016, com o objetivo final de obrigar o Talibã a negociar um acordo de paz. Os componentes do plano eram: 3.800 tropas de reforços, um maior número de assessores, um programa para duplicar o tamanho das forças de operações especiais afegãs, aumento dos ataques aéreos, maior pressão política e econômica sobre o Paquistão e esforços para fragmentar o Talibã. O assessor de segurança nacional de Trump, o tenente-general McMaster, concordou com Nicholson que uma política mais dura em relação ao Paquistão já não era mais uma opção ultrapassada. Ambos esperavam que o Talibã pudesse ser levado à mesa de negociações e que um acordo de paz pudesse ser alcançado, preservando o governo afegão e permitindo que algumas forças especiais dos EUA permanecessem no Afeganistão.

O general Joseph Dunford, chefe do Estado-Maior Conjunto, era mais pessimista e entendia que não se podia esperar que qualquer quantidade de recursos pudesse promover melhorias duradouras no governo afegão ou que as conversações de paz pudessem acontecer. Mas ele admitia que a possibilidade de aumento do número de ações terroristas no Afeganistão seria um risco político muito grande para qualquer líder dos Estados Unidos. Portanto, era fundamental ter forças suficientes o bastante para eliminar qualquer tipo de ameaça terrorista.

A primeira reunião do Conselho de Segurança Nacional sobre o Afeganistão realizada em 12 de junho de 2016 foi bastante conturbada. Trump rejeitou enfaticamente a ideia de continuar a guerra no Afeganistão e se recusou a decidir sobre a estratégia a ser adotada. Uma segunda reunião ocorreu no dia 19 de julho no Pentágono. Trump disse que queria que toda a assistência ao Paquistão fosse cortada, chamou Mattis e Dunford de "maus conselheiros" e exigiu que Nicholson fosse demitido por não conseguir vencer.

Durante o mês seguinte, as comunidades militar e de inteligência avaliaram que uma retirada repentina do Afeganistão aumentaria consideravelmente as chances de um ataque terrorista contra os EUA. Trump também consultou uma grande variedade de pessoas fora do governo como ex-agentes das forças de operações especiais, da inteligência e executivos da mídia. Rupert Murdoch, proprietário da Fox News, e Steve Feinberg, proprietário da influente empresa de segurança privada, Dyn-Corp, manifestaram-se contra uma retirada total e abrupta.

Em 18 de agosto, Trump aprovou, desconfortavelmente, a nova estratégia que previa um aumento de 3.900 soldados, elevando o total das tropas norte-americanas no Afeganistão para cerca de quatorze mil. Além disso, prometeu que faria mais pressão sobre o Paquistão e concedeu maior margem de manobra para os comandantes norte-americanos fazerem suas escolhas no uso da força militar. Trump se recusou, no entanto, a estabelecer um cronograma prévio. Para muitos analistas, o discurso do presidente soou roteirizado, desvinculado de seus verdadeiros sentimentos. Um ano antes, Trump relatava a dificuldade em que se encontrava: "meu instinto era nos retirarmos e, geralmente, costumo seguir meu instinto", reconheceu o presidente, mas ponderou que "as decisões são muito diferentes quando você está no Salão Oval".

O resultado mais importante da nova estratégia era a clara prioridade dada às conversações de paz. Tanto o Pentágono quanto o Departamento de Estado previam que as negociações levariam

CAPÍTULO VII – TRUMP E OS "AMIGOS" TALIBÃS

a um acordo político, cujos parâmetros eram ambíguos de tal forma que parecia ser propositadamente o objetivo da estratégia. Pois, assim, era possível ganhar mais tempo em conversações e ajustes que deveriam ser encontrados gradualmente. Portanto, ainda levaria, quase um ano, para que esse plano assumisse contornos definidos.

Quando o ISIS foi derrotado no Iraque e na Síria, Mattis realocou dezenas de drones, helicópteros de ataque e um esquadrão de caças para uso no Afeganistão. Pois, diferentemente das restrições impostas por Obama, Trump autorizou ataques aéreos de grande intensidade no país desde que solicitados por conselheiros presentes no contexto do combate. Além disso, o presidente autorizou Nicholson a atacar o Talibã, quer o exército ou a polícia estivessem ou não em perigo. Foram 841 ataques aéreos somente em setembro de 2018, mais do que em qualquer outro momento desde 2010. Essas ações colocaram em dúvida a vontade de negociar por parte dos EUA dada a intensificação dos ataques. Mas também, pode-se dizer que, paradoxalmente, Trump queria a negociação mais do que nunca, mas não poderia fazê-la sem antes mostrar ao inimigo que estava numa situação de poder, comandando a situação, assim teria mais margem de barganha na negociação com o Talibã supostamente vulnerável.

7.3 – A reestruturação das forças afegãs e as questões étnicas

Nicholson identificou a liderança precária do exército e da polícia afegã como uma das principais causas dos retrocessos militares frente à insurgência. Semanalmente, Nicholson passava horas aconselhando o presidente Ghani sobre a seleção de comandantes e oficiais. Cinco mil coronéis e generais com idade avançada ou sem qualificações deveriam ser aposentados do exército e da polícia dentro de dois anos. Entre 2017 e 2018, Ghani chegou a aposentar 1.200 oficiais do exército e mil oficiais da polícia por corrupção ou por serem adversários políticos. Mas o processo de seleção dos novatos não deixou de ser pautado por critérios políticos, indicando que se tratava muito mais de um processo de renovação das elites do que propriamente uma qualificação profissional das forças militares e policiais do Afeganistão.

O compromisso dos EUA com o governo de Ghani, na nova estratégia de Trump, o fortaleceu na disputa com seus rivais afegãos. Após a posse de Ghani, em 2014, o exército afegão se transformou, passando a ser dominado pelos pashtuns – no final de 2018, 58% do exército era dessa etnia do leste do Afeganistão. Não tardou em surgir uma crise política em razão do precário equilíbrio de poder entre as etnias. Entre novembro de 2017 e março de 2018, houve uma prolongada crise política com os tadjiques, cuja rede de liderança havia sido desmontada com as mudanças nas composições das forças militares. Na verdade, o presidente afegão estava usando a ajuda dos EUA para alcançar seus próprios interesses políticos domésticos em vez de se pautar pela realização de interesses comuns, isto é, a guerra com os Talibãs.

Enquanto Nicholson tentava dar mais atenção à região norte do Afeganistão, onde os norte-americanos nunca haviam operado o suficiente para construir uma base de apoio, os talibãs, que já dominavam boa parte da província de Kunduz, passaram a atacar sua capital. Esse acontecimento acabou se tornando muito importante para o rumo da guerra. Com o apoio dos EUA, certos senhores da guerra pertencentes aos grupos tadjiques e usbeques tentaram tomar as terras pashtuns, o que inflamou o apoio dos pashtuns, mas que se espalhou também entre os uzbeques e tadjiques nessas províncias, pois, independentemente

CAPÍTULO VII – TRUMP E OS "AMIGOS" TALIBÃS

da etnia, todos viam com maus olhos a presença do ocupante norte-americano e a usurpação das terras. Para Nicholson, a persistência do Talibã no coração dos tadjiques e uzbeques que, tradicionalmente, eram anti-Talibã era preocupante.

Mas, na verdade, é preciso olhar para além das divisões étnicas e compreender a importância dos fatores socioeconômicos. Após anos de influência no governo, parte dos tadjiques se enriqueceram e não queriam se arriscar lutando por Ghani. Além disso, vários dos antigos senhores da guerra, tadjiques e usbeques, que faziam parte da Aliança do Norte, passaram a negligenciar demandas de suas próprias comunidades de agricultores e aldeões. Tal situação foi bem explorada pelo Talibã que passou a atuar junto a essas comunidades reivindicando justiça.

Um bom exemplo dessa situação pode ser vista no caso do senhor da guerra Rashid Dostum, que mobilizou sua milícia uzbeque "Junbesh" para defender seu território. As táticas truculentas e arbitrárias de sua milícia, espancando e atirando indiscriminadamente em pashtuns, acabaram por causar repulsa em toda a população, incluindo os usbeques. Segundo o relato de um aldeão da província de Fariabe: "eu estava em minha casa quando cerca de 200 carros Ranger da milícia Junbesh entraram na aldeia. Eles estavam carregando armas como Kalashnikovs e gritando: 'você é Talibã!'".

Dostum foi forçado a sair do Afeganistão em maio de 2017, por ter brutalizado um rival em uma partida de buzgashi, esporte tradicional afegão de montar a cavalo. Os sentimentos de decepção, traição e injustiça nas comunidades rurais, independentemente de sua etnia, fez com que o governo afegão, os EUA e as milícias anti-talibãs não conseguissem manter o controle do norte do país.

7.4 – O ISIS entra em cena

Os últimos meses da temporada de combates de 2018 foram piores do que o esperado. Antes de entregar o comando, Nicholson relatou a Mattis que havia chegado a um impasse. Apesar de as forças de operações especiais dos EUA e do Afeganistão reconquistarem a cidade de Gásni, localizada a 150 km de Cabul, os militantes talibãs demonstraram uma impressionante prova de tenacidade, desmentindo a narrativa oficial afegã e norte-americana de ter tido plenos progressos na guerra. Os jornais norte-americanos usaram a batalha para lançar dúvidas sobre a estratégia de forçar o Talibã a participar de uma rodada de negociações. Além disso, a vitória foi parcial, já que o Talibã podia se mover livremente pelos distritos de todo o país.

Depois de ser fustigado pelo Talibã, exército e milícias afegãs e forças de operações especiais dos EUA, entre 2015 e 2016, o ISIS ensaiou um retorno na região de Khorasan no final de 2017. No Iraque e na Síria, as forças militares norte-americanas estavam dando apoio às forças iraquianas e curdas para expulsar as milícias do ISIS das cidades de Mossul e Raca durante 2017. Por causa da ameaça terrorista e da campanha militar mais extensa, no início de 2017, Mattis ordenou que Nicholson atacasse com força total o ISIS afegão.

Nicholson reuniu forças especiais norte-americanas, auxiliadas por drones, comandos afegãos, milícias e policiais locais contra o ISIS no sul de Nangarhar – provavelmente, o único lugar no Afeganistão onde os soldados norte-americanos entraram em combate direto. Os combatentes do ISIS se esconderam em cavernas para alvejar os postos avançados das forças de segurança da coalizão militar. As equipes das forças especiais defenderam seus postos, invadiram as posições do ISIS, fizeram

CAPÍTULO VII – TRUMP E OS "AMIGOS" TALIBÃS

emboscadas e patrulharam com as forças de operações especiais afegãs, a polícia de fronteira e as milícias através dos vales.

Foram lançadas centenas de bombas ao sul de Nangarhar, mas, no dia 13 de abril de 2017, uma bomba em particular chamou a atenção da mídia. Foi lançada a GBU-43, "mãe de todas as bombas", equivalente à potência de onze toneladas de TNT, uma das maiores bombas não nucleares do arsenal dos EUA, contra uma rede de túneis e bunkers no leste. Essa bomba, que tem a capacidade de transformar um vilarejo em uma cratera, causou centenas de mortos e feridos entre combatentes e civis. Os vídeos mostrando os efeitos da bomba circularam o mundo inteiro e Trump quis mostrar para o público norte-americano que estava atacando fortemente o ISIS.

Por outro lado, a mídia social e a internet permitiram ao ISIS conseguir novos recrutas em lugares que de outra forma estariam sob controle governamental. Muito mais importante que o combate nas montanhas, foi a nova estratégia do ISIS, a partir de 2017, com a criação de novas células em grandes cidades no norte do Afeganistão como Jalalabad e Cabul, atraindo, entre outros, dezenas de milhares de refugiados pashtuns que fugiam das operações militares paquistanesas. A propaganda atingia os mais jovens, especialmente nas escolas secundárias e universidades, nas quais havia mais acesso à internet. Foram constituídos grupos de apoio e divulgação dentro das universidades que passaram a ignorar o ensino oficial, difundindo os ensinamentos do ISIS. Esses grupos chegaram, inclusive, a usar as mídias sociais para celebrar e incentivar ataques suicidas em Cabul.

Apesar de ciente do avanço do ISIS, o presidente Ghani não conseguia coordenar minimamente as ações do exército e da polícia afegã. O ISIS colheu os benefícios de um governo completamente desarticulado em suas ações e, em 2018, passou dos preparativos clandestinos para iniciar as ações terroristas nas principais cidades visando atingir, fundamentalmente, trabalhadores e repartições governamentais com centenas de civis mortos e feridos.

Uma grande porcentagem dos voluntários do ISIS eram jovens tadjiques de famílias abastadas. As lideranças das células viviam em bairros abastados, às vezes se escondendo como hóspedes de famílias prósperas, o que lhes dava cobertura da vigilância governamental. Provavelmente, algumas células islâmicas chegaram a pagar organizações criminosas pelo acesso à cidade, às armas e ao transporte de materiais.

Uma das diferenças entre o ISIS e os talibãs diz respeito à presença de mulheres na organização. O pesquisador Borhan Osman chegou a entrevistar oito mulheres, que trabalhavam para o ISIS no recrutamento de militantes na mídia social e na difusão dos ensinamentos nas madraças femininas. Ainda que possa haver certo exagero de analistas, que queriam exacerbar a percepção de ameaça do ISIS, é bem provável que o grupo tenha recebido o apoio de tadjiques e uzbeques do norte do Afeganistão, comunidades consideradas pró-governamentais.

A estimativa era de que o ISIS possuía, em todo o país, cerca de cinco mil militantes, em 2018, o dobro do que havia em 2016. Os ataques suicidas, por sua vez, aumentavam significativamente a cada ano. Em 2018, foram 886 mortes e 1.930 feridos, 22% acima de 2017, e 135% acima de 2009. Dois terços desses atentados foram atribuídos ao ISIS.

O ISIS despontava como uma novidade na evolução do radicalismo islâmico no Afeganistão, desde o final da década de 1970 com a invasão da União Soviética. Como vimos em capítulos anteriores, a grande maioria dos membros do Talibã pertencia à etnia pashtun de perfil tradicionalista, do meio rural, distante

CAPÍTULO VII – TRUMP E OS "AMIGOS" TALIBÃS

das questões urbanas e completamente alheia às questões internacionais, embora contasse com o apoio de outras etnias. Assim, o ISIS procurou se infiltrar, precisamente, onde o Talibã estivesse ausente, conseguindo aliciar jovens, com qualificada formação educacional, indo além das divisões étnicas e das questões de gênero. Seus partidários tinham uma visão mais transnacional, conclamando à realização da Umma, além disso, sua forma de atuação era mais destrutiva, com rituais de sacrifício.

Os membros da Quetta Shura avaliaram que o ISIS ganhava terreno porque o Talibã estava se distanciando da Al-Qaeda e de outros grupos mais radicais. Tratava-se de uma competição, e o Talibã, de acordo com essas lideranças, deveria retomar as ações mais radicais para atrair os combatentes extremistas e não os marginalizar. Consequentemente, a Quetta Shura aumentou o apoio à Al-Qaeda e aos ataques suicidas no final de 2017. Apesar de estar mais fraca devido ao aumento de ataques de drones, autorizados por Obama, a Al-Qaeda, no entanto, sobreviveu, e ela continuava a ter acesso a financiamento internacional.

7.5 – O Talibã sob nova liderança e o fantasma da guerra civil

O Talibã havia conseguido vitórias contundentes entre 2015 e 2016. Durante a primavera de 2016, o emir mulá Mansour recusou as tentativas do presidente Ashraf Ghani de negociar. Diversificou as relações do Talibã com países estrangeiros e viajou regularmente ao Irã a fim de aumentar a compra de armamentos que vinha recebendo nos últimos anos. Em março de 2016, ao rejeitar a pressão do chefe do exército paquistanês Raheel Sharif, Mansour declarou publicamente que o Talibã não participaria de nenhuma negociação. Em seu último ano no cargo, Obama fez algo sem precedentes, absteve-se de atacar os líderes do Talibã no Paquistão. Mas, quando surgiu uma oportunidade, em 21 de maio, um drone norte-americano matou Mansour quando ele estava dirigindo no Baluchistão ocidental, perto da fronteira afegã, retornando de uma viagem ao Irã.

Em 23 de maio de 2016, líderes da Quetta Shura se encontraram no Paquistão para escolher, por unanimidade, o sucessor de Mansour: Maulawi Haybatullah. O título "Maulawi" era uma importante deferência e significava que se tratava de um verdadeiro estudioso religioso. Ele havia vivido grande parte de sua vida no Paquistão onde desenvolveu seus estudos em uma madraça. Haybatullah havia servido como juiz em uma variedade de tribunais provinciais e militares. O fato de ser um estudioso religioso e juiz aumentou sua credibilidade, principalmente em relação aos numerosos jovens estudantes e uma extensa rede de seguidores dentro do movimento Talibã.

No final de 2017, Haybatullah viajou para o norte de Helmande com membros da Quetta Shura, quando realizou uma reunião com comandantes do Talibã para decidir uma mudança tática decorrente do aumento dos ataques aéreos dos EUA. Os combatentes não deveriam enfrentar diretamente as ofensivas do exército e da polícia, mas recuar e atacar quando houvesse segurança. Os ataques suicidas e os assassinatos dentro das cidades e vilas iriam aumentar, sobretudo, no período noturno.

Houve da parte do governo afegão, um enorme esforço para reduzir a deserção de policiais e militares, melhorando os salários e suprimentos. Mas, além disso, o principal problema era a relutância dos jovens em se alistar para o combate. A investigação do governo dos EUA sobre os registros automáticos de pagamento, soldados fantasmas e desperdícios revelou que o

CAPÍTULO VII – TRUMP E OS "AMIGOS" TALIBÃS

tamanho real do exército e da polícia era de 250.000 membros e não de 352.000, como oficialmente anunciado.

Com a liderança de Mansour, a Quetta Shura havia se distanciado da Al-Qaeda, pois via nesta aliança um impedimento às conversações de paz e a uma maior aproximação com a comunidade internacional. Haybatullah seguiu um rumo diferente, argumentando que, naquele momento, o Talibã precisava de aliados e que não poderia deixar a Al-Qaeda de lado sob o risco de perder a legitimidade frente aos afegãos. O novo líder se diferenciava de mulá Omar tanto na formação doutrinaria como na disposição de adotar métodos mais radicais como os atentados suicidas. Amir Khan Muttaqi, um dos principais assessores do Haybatullah, explicava "racionalmente" porque deveria estimular as ações suicidas: "os homens-bomba são muito baratos para nós. Apenas alguns poucos são capazes de frustrar todas as forças, recursos e tecnologia dos EUA".[74]

Numa atitude surpreendente, Haybatullah abençoou seu próprio filho de 23 anos para ser um homem-bomba. Embora houvesse rumores de que o jovem fosse adotado, ainda assim, até então, nenhum outro líder afegão havia martirizado um filho adotivo. Em 2017, o jovem explodiu um carro-bomba durante um ataque em Helmande, gravando um vídeo antes de partir para a missão. Esse ato foi percebido pela população em geral como indicativo da determinação de Haybatullah a seguir os preceitos do islã. O ato também significou como os valores do Talibã estavam mudando.

---

[74] Apud. MALKASIAN, Carter. "Discussion with Amir Khan Motaqi". *In*: *The American War in Afghanistan*. London: Oxford University Press, 2021, p. 521

A situação da segurança no Afeganistão continuava precária e complexa com a presença de cerca de vinte grupos insurgentes. Durante os primeiros nove meses de 2018, foram mortos mais civis do que durante qualquer outro ano desde 2014. Mais de cem pessoas, entre soldados e policiais, morriam por semana. Para se ter uma ideia do impacto das ações armadas na população cabe mencionar que, em 2018, por volta de 330 mil afegãos deixaram suas casas para se refugiar nas cidades.

O desgaste com a guerra ficou explícito pela queda de apoio da população afegã à presença da força dos EUA no país. Neste momento, somente 55% dos afegãos apoiavam as forças estrangeiras, sendo que dez anos antes, a cifra chegou a 90%. Além disso, quase metade dos entrevistados acreditava que a guerra do Talibã contra a presença dos EUA era legítima. A desilusão com a situação contínua de impasse e as duras consequências de uma guerra prolongada fizeram com que o apoio a um possível acordo de paz aumentasse entre os afegãos, com apoio de mais da metade dos entrevistados. Os primeiros sinais de um novo impulso para a paz vieram do presidente Ashraf Ghani, que fez uma oferta sem precedentes ao Talibã, sem nenhuma condição prévia: a remoção dos líderes Talibãs das listas de sanções e o reconhecimento do grupo como uma entidade política.

Os anos de guerra tiveram efeitos diversos sobre os afegãos, considerando questões socioeconômicas e de gênero. À medida que o Talibã ganhava influência, as mulheres afegãs de nível educacional e socioeconômico mais alto passaram a manifestar preocupação com seus direitos caso algum poder fosse compartilhado com o grupo. Uma delas declarou: "queremos a paz, mas não queremos o regime Talibã de volta, foi o pior momento para nós mulheres". Os vistos para sair do Afeganistão aumentaram significativamente entre as mulheres.

CAPÍTULO VII – TRUMP E OS "AMIGOS" TALIBÃS

Entretanto, diferentemente das mulheres da cidade, as mulheres do campo queriam, antes de qualquer coisa, a desocupação do Afeganistão pelas forças dos EUA. Em algumas ocasiões, essas mulheres chegaram a confidenciar a pesquisadores ou líderes afegãs que estavam cansadas da guerra e não queriam mais mortes. Mas, o fato é que, seja sob o regime do Talibã ou do governo, não havia muito poder de escolha para elas que estavam dispostas a fazer qualquer coisa para não perder seus filhos na guerra, mas, por outro lado, sabiam que a família precisava de dinheiro. O trágico é que em uma situação com níveis de desemprego alarmantes, ser combatente constituía a opção mais imediata. Dessa forma, jovens se juntavam a qualquer lado, grupos insurgentes ou governo.

7.6 – As conversações sobre um acordo de Paz e a geopolítica regional

Como vimos acima, o governo afegão estava em um momento desfavorável, com o exército e a polícia sofrendo perdas devastadoras. Diferentemente de 2010, o Departamento de Defesa dos EUA agora aceitava as conversações de paz como objetivo da estratégia militar no Afeganistão. Os líderes talibãs, por sua vez, estavam interessados em conversações como forma de garantir uma retirada dos EUA. Assim, a possibilidade de retomar o processo de paz estava de volta.

No dia 14 de fevereiro de 2018, o Talibã divulgou uma carta aberta ao povo norte-americano na qual manifestava a vontade de entrar em conversações com o governo dos EUA, mas sem a presença do governo afegão. Duas semanas depois, o presidente Ghani propôs conversações com o Talibã durante a conferência "Kabul Process", mas a Quetta Shura se recusou a responder. A comissão política do Talibã reafirmou que as conversações deveriam ocorrer apenas com os EUA, desde que houvesse a retirada completa de suas tropas.

Mas, em meados de junho de 2018, houve um acontecimento surpreendente que sinalizou um possível precedente para que o governo afegão fosse incorporado no processo de paz. O Talibã aceitou uma proposta do presidente Ghani para um cessar-fogo durante a celebração final do Ramadã entre os dias 16 a 18 de junho, quando o líder talibã Haybatullah enviou uma mensagem lembrando que os muçulmanos não podem matar uns aos outros durante esse período. Durante três dias, membros do Talibã, soldados e policiais confraternizaram nas rezas e refeições. Embora os combatentes do Talibã tivessem ordens para depor as armas e ir para suas casas por três dias, muitos violaram essas instruções e entraram nas cidades ou se envolveram em celebrações com membros do governo e das forças de segurança afegãs. Um combatente que havia comemorado em Cabul sentiu que era importante ir para áreas controladas pelo governo para "mostrar às pessoas do lado do governo que os Talibãs não são selvagens. Nós somos seres humanos, amamos e respeitamos nossos semelhantes afegãos".[75]

Entretanto, passado esse curto período, o líder Haybatullah fez questão de advertir que o Talibã não prorrogaria o cessar-fogo e que a paz só ocorreria quando as forças dos EUA partissem, caso contrário estavam prontos para voltar aos combates. Os Talibãs contavam com boa quantidade de recursos financeiros,

---

[75] JACKSON, Ashley J. "Perspectives on Peace from Taliban areas of Afghanistan special report 449". *The United States Institute of Peace*, 2019, p. 14. Disponível em: https://reliefweb.int/sites/reliefweb.int/files/resources/perspectives_on_peace_from_taliban_areas_of_afghanistan.pdf. Acesso em: 21.09.2021.

CAPÍTULO VII – TRUMP E OS "AMIGOS" TALIBÃS

de suprimentos e com disposição de lutar. A estimativa é que o Talibã ressurgente estava ativo em 70% do país e era considerado como mais poderoso do que em qualquer outro momento desde que foram derrubados em 2001.

Do lado dos EUA, os custos da guerra pesavam cada vez mais, cerca de US$ 2 trilhões em dezoito anos de guerra. De toda forma, os US$ 50 bilhões em gastos militares durante 2018 eram bem inferiores aos US$ 110 bilhões de 2011, momento auge da campanha norte-americana, mas ainda assim, era uma cifra enorme e uma questão nevrálgica para Trump.

Após um ano de discussões sobre as negociações de paz e de conversações com autoridades governamentais do Afeganistão, a Casa Branca finalmente nomeou um enviado para as conversações de paz, em setembro de 2018, com o objetivo de tentar levar o governo afegão e o Talibã a uma reconciliação. O nomeado, Zalmay Khalilzad, era um afegão-americano que tinha uma longa experiência como negociador. Serviu como embaixador dos EUA no Afeganistão, Iraque e na ONU durante a administração do presidente George W. Bush. Khalilzad reuniu-se várias vezes com líderes talibãs e com quase todos os políticos de Cabul e contava com total apoio do secretário de Estado, Michael Pompeo, e do comandante das forças norte-americanas e aliadas no Afeganistão. Em nenhum outro momento, não houve qualquer outro enviado de paz com tal apoio.

Havia algumas metas básicas de negociação dos EUA que permaneceram, em grande parte, inalteradas desde de 2012: o fim da aliança entre Talibã e Al-Qaeda e a presença a longo prazo de assessorias nas áreas de inteligência e de forças de operações especiais para ações de contraterrorismo. Khalilzad procurou convencer o Talibã, o governo afegão e outros importantes líderes políticos afegãos a negociar um novo acordo político para o país que incluísse uma nova constituição e um novo governo com uma provável renúncia de Ghani. Khalilzad não queria aceitar a retirada das tropas americanas, já que era uma importante moeda de troca para um acordo político. Caso contrário, com as tropas norte-americanas fora do caminho, o Talibã seria tentado a renunciar a qualquer compromisso e tentaria tomar o poder pela força.

Haybatullah já havia se manifestado pela abertura de um tipo de consulado para conversações no Qatar, entre 2012 e 2013, e tinha convencido a Quetta Shura argumentando que a busca da paz era permitida pela lei islâmica. Mas, na verdade, seu objetivo maior era remover todas as tropas estrangeiras do país. Muito embora essa pré-condição não tenha sido atendida, Haybatullah e outros líderes sempre questionaram a legitimidade do governo de Cabul e apesar de declarar que o Talibã não apoiaria ataques da Al-Qaeda a outros países, os principais líderes talibãs estavam divididos quanto ao abandono ou não da organização.

A paz no Afeganistão também foi moldada pelas articulações, rivalidades e busca por maior influência entre as potências regionais e as grandes potências como China, União Europeia, Índia, Paquistão e Rússia. Internacionalmente, o Talibã estava num momento privilegiado. A assistência financeira iraniana aumentou para mais de US$ 100 milhões por ano, após 2012, igualando-se ao Paquistão. Além disso, a Guarda Revolucionária Islâmica (IRGC) aumentou discretamente sua assistência militar ao Talibã, especialmente nas províncias fronteiriças. O Irã estava preocupado com a presença do ISIS na região além de querer usar o Talibã para coibir as ações das forças afegãs e norte-americanas perto de sua fronteira.

CAPÍTULO VII – TRUMP E OS "AMIGOS" TALIBÃS

Tal como os iranianos, o governo russo afirmou que tinha interesse em combater o ISIS, entrando em contato diretamente com a comissão política do Talibã para fornecer dinheiro e, possivelmente, armas. Não se sabe ao certo quando os russos começaram a se aproximar do Talibã, mas é provável que tenha sido no início de 2015, uma vez que o ISIS estava em ascensão na Síria, confrontando o governo de Bashar al-Assad, aliado da Rússia.

Em novembro de 2018, o ministro russo das Relações Exteriores, Sergey Lavrov, organizou uma conferência de paz em Moscou e convidou a comissão política do Talibã, além de contar com a participação oficial de representantes do Irã e do Paquistão. Lavrov permitiu, inclusive, que a delegação do Talibã se autointitulasse como representantes do "Emirado Islâmico do Afeganistão, título que enfureceu o governo do Afeganistão. Depois de anos de ostracismo, o Irã e a Rússia haviam concedido ao Talibã o reconhecimento internacional.

Com o aumento de ataques suicidas em Cabul, o presidente Ghani buscou fortalecer os laços com a Índia que teve como consequência, entre outras coisas, a abertura de uma rota comercial através do porto iraniano de Chabahar. Mas essa aproximação mexia nas peças do tabuleiro geopolítico na região, desagradando o comando militar paquistanês que, por sua vez, retomou o apoio ao Talibã.

Percebendo uma tensão crescente naquela região, o governo Trump aumentou a pressão sobre o Paquistão, emitindo uma lista de exigências de apoio às negociações de paz para reduzir a tensão com a Índia. Em janeiro de 2018, o presidente norte-americano, com o apoio do congresso, revogou a quase totalidade da assistência militar ao Paquistão. A ajuda poderia ser retomada apenas se o Paquistão negasse abrigo seguro ao Talibã e os pressionasse para um acordo político.

A pressão sobre o Paquistão ocorria num momento em que o país estava com uma enorme dívida, em grande parte, devido aos seus gastos militares e, portanto, era fundamental que houvesse ajuda dos EUA e do FMI. O general paquistanês, Qamar Javed Bajwa, manifestou confiança de que o Talibã poderia vencer e que a China ajudaria o Paquistão, independentemente das ações dos EUA. Acreditando nisso, o general resistiu às exigências de Trump, mas se tornou receptivo às negociações.

Em setembro de 2018, o então recém-eleito primeiro-ministro do Paquistão, Imran Khan, fez coro a um velho sonho dos líderes militares paquistaneses, saudando os planos de conversação bilateral entre os EUA e o Talibã. Era um momento favorável para se livrar do peso de ser marginalizado pelos EUA e ser visto como uma espécie de patrocinador estatal do terror. Isso não significava fechar as opções abertas com a China, pelo contrário, o ideal era ter dois grandes apoiadores como a China e os EUA multiplicando as opções geoestratégicas e sua projeção internacional. Além disso, a chance de uma paz de compromisso poderia consagrar a influência paquistanesa no Afeganistão com o beneplácito dos EUA.

7.7 – A "retirada responsável" de Trump

Khalilzad reuniu-se várias vezes com a comissão política do Talibã, no final de 2018, mas nenhum dos lados conseguiu alcançar seus objetivos. Khalilzad recusou-se a ceder em relação à proposta de retirada das forças norte-americanas e o Talibã recusou-se a ceder no encontro com o governo afegão. Como

CAPÍTULO VII – TRUMP E OS "AMIGOS" TALIBÃS

as negociações estavam num impasse e as eleições para o Congresso, em novembro de 2018, estavam se aproximando, Trump decidiu intervir.

No dia 10 de dezembro de 2018, Trump convocou seus assessores militares da Casa Branca e ordenou que todas as forças militares dos EUA, inclusive aquelas envolvidas em operações de contraterrorismo, saíssem do Afeganistão dentro de semanas. Trump disse que a estratégia adotada pelos EUA, até aquele momento, era um fracasso. O secretário James Mattis se demitiu em carta pública, criticando severamente o presidente. Houve grande repercussão no Congresso e na mídia, expressando grande preocupação com o comportamento de Trump. Constrangido com a saída de Mattis, o secretário de Estado, Michael Pompeo, acabou por concordar com Trump, mas o aconselhou a uma retirada mais gradual. Informado da decisão, Khalilzad quis iniciar as negociações apresentando ao Talibã um cronograma para a retirada, caso atendessem a outras preocupações menores dos EUA.

Durante anos, os funcionários do Pentágono se recusaram a deixar os diplomatas do Departamento de Estado discutirem oficialmente uma eventual retirada com o Talibã. Pois entendiam que os talibãs poderiam avaliar tal proposta como um sinal de fraqueza, alimentando a esperança de uma vitória no campo militar, causando dificuldades em qualquer tipo de concessão que pudesse ocorrer durante as negociações. Mas, as circunstâncias levaram o General Joseph Dunford, comandante das forças norte-americanas e aliadas no Afeganistão, a avaliar que oferecer concessões poderia ser melhor para alcançar os interesses dos EUA do que adotar uma abrupta retirada que poderia levar o país a uma nova guerra civil.

Em uma rodada de conversações em Doha, em 21 de janeiro de 2019, os Talibãs se surpreenderam com a proposta apresentada por Khalilzad de retirada total das tropas norte-americanas condicionada a um acordo político afegão com cessar-fogo. Apesar de rejeitar os pedidos, o negociador dos talibãs voltou com uma promessa de não permitir nenhum grupo ou indivíduo a usar o solo afegão para ameaçar outro país e estavam dispostos a adotar mecanismos de fiscalização que os EUA propuseram durante as conversações.

Em resumo, Khalilzad colocou na mesa uma proposta com quatro componentes principais: (*i*) garantia do Talibã de que o Afeganistão não seria usado por nenhum grupo ou indivíduo para atacar outro país; (*ii*) elaboração de cronograma para uma retirada completa dos EUA; (*iii*) promessa do Talibã de alcançar acordo político com o governo afegão; e, por fim, (*iv*) um cessar-fogo geral. A comissão política do Talibã comprometeu-se publicamente apenas com os dois primeiros.

Outros Talibãs passaram a compor a comissão política de negociação, chamou a atenção a presença de cinco ex presos de Guantánamo que viviam no Qatar desde 2014. Todos eles haviam sido importantes líderes militares nos combates com a Coalizão dos EUA, em 2001. Esse contexto ajudava a alimentar a dúvida se, realmente, o Talibã estava disposto a romper com a Al-Qaeda que, aliás, é sempre bom lembrar, foi uma das principais justificativas para os EUA invadir o Afeganistão em outubro de 2001.

Todavia, quase vinte anos depois, a situação do terrorismo no Centro-sul asiático se estendia muito além da Al-Qaeda. Além da rede afiliada do ISIS no Khorasan, pelo menos dezoito grupos terroristas operavam no Afeganistão. Apesar de ter algumas dissensões, desde 2002, o Talibã representa uma causa unificadora para essas organizações, exercendo certa influência sobre as atividades de pelo menos quatorze delas. O problema,

CAPÍTULO VII – TRUMP E OS "AMIGOS" TALIBÃS

no entanto, é que no caso de uma eventual vitória do Talibã, esses grupos, muito provavelmente, demandariam algo em troca, como o uso de território afegão como base para suas atividades.

Outro grupo importante é o chamado "Talibã paquistanês". Trata-se de um grupo altamente descentralizado que procura expulsar as forças paquistanesas das áreas tribais e derrubar o governo do Paquistão, mas já teve ações para além de seu território, como em 2010, quando plantou uma bomba em Times Square. Três de seus líderes foram assassinados por ações de drones dos EUA.

Após longas negociações, envolvendo Khalilzad, representantes do Talibã, delegações do governo afegão e numerosos outros representantes especiais ou enviados de países vizinhos e organizações internacionais, o acordo EUA-Talibã e a declaração conjunta dos governos dos EUA e Afeganistão foram assinados em fevereiro de 2020. Estes acordos foram considerados como os primeiros passos necessários e importantes para as negociações entre as partes afegãs.

O presidente Trump mostrou-se exageradamente otimista. Após dezenove anos de iniciada a Guerra Global contra o Terrorismo, era inacreditável ouvir, de um presidente alinhado às forças de extrema direita dos EUA, que o Talibã poderia ser um novo aliado: "vou me encontrar pessoalmente com os líderes do Talibã num futuro não muito distante, e terei muita esperança de que eles farão o que estão dizendo [...] eles vão matar os terroristas. [...] Eles vão continuar essa luta contra o terrorismo".[76]

São muitas as dúvidas e as ambiguidades do acordo. Como o Talibã e o governo afegão poderão se unir para governar

---

[76] MUJIB, Mashal. "Taliban and U.S. strike deal to withdraw American troops from Afghanistan". *NYT*, 2020.

conjuntamente o Afeganistão? E como suas duas forças armadas podem ser combinadas em um novo exército nacional e uma nova força policial? Não haverá força de manutenção da paz da ONU ou outra terceira parte imparcial para garantir a segurança dos dois lados à medida que eles se desarmarem e desmobilizarem. O lado governamental está muito dividido e há vários grupos armados não filiados no país que podem agir. Os vizinhos do Afeganistão têm historicamente alimentado a instabilidade no país, retirando proveito da rivalidade entre os grupos. Além disso, os Estados Unidos não estão em uma posição de força para impedir isso, pois suas relações com as potências mais influentes na região – China, Irã, Paquistão e Rússia – estão em seu ponto mais baixo desde 2001.

Para negociar e implementar qualquer acordo de paz, os EUA precisariam do apoio de países da região como a China, o Irã, o Paquistão e a Rússia – nenhum dos quais queria ver bases militares permanentes dos EUA no Afeganistão. Na medida em que esses países apoiam os esforços de paz dos EUA, eles o fazem porque esperam que um acordo resultante anuncie uma partida militar dos EUA. O acordo entre os EUA e o Talibã reforçou essas expectativas. Se os EUA abandonassem esse acordo a fim de manter tropas no país, o Paquistão, em particular, poderia decidir aumentar seu apoio ao Talibã.

Entre sair rapidamente e permanecer indefinidamente, opções inevitavelmente problemáticas, começou a ser gestada uma ideia aparentemente intermediária que dominou o discurso político sobre o Afeganistão: "retirada responsável". Uma ideia convenientemente maleável que mantém a promessa de acabar com uma "guerra sem fim", mas mantendo as operações de contraterrorismo. O próprio Biden deu a impressão que endossava a "retirada responsável" antes que a administração Trump fizesse seu acordo com o Talibã. Em uma entrevista em 23 de fevereiro

CAPÍTULO VII – TRUMP E OS "AMIGOS" TALIBÃS

de 2020, Biden disse que os EUA não poderia abandonar uma "pegada muito leve" de contraterrorismo dedicada a evitar o ressurgimento da Al-Qaeda.

De certa forma, Biden deverá enfrentar essencialmente a mesma escolha que atormentou todos seus antecessores. Se de um lado, ter uma missão militar para "guerras sem fim" não está claramente tornando os norte-americanos mais seguros, por outro lado, uma retirada também não garante que os EUA estarão livres de riscos de terrorismo, o que provavelmente poderia precipitar inclusive na destituição do governo afegão pelo Talibã. Mas, depois de perdurar um consenso em torno da guerra, por quase duas décadas, agora os líderes norte-americanos tinham chegado gradualmente a um consenso de que os EUA deveriam arriscar concessões significativas ao Talibã, numa tentativa de se retirar sob condições mais favoráveis.

A sombra do 11 de Setembro deixava de existir e com ela a política de combate ao terrorismo. Nas palavras de Biden: "fomos ao Afeganistão por causa de um ataque horrível que aconteceu há vinte anos. Isso não pode explicar por que devemos ficar". Assim, muito provavelmente os EUA encerraram a guerra mais longa de sua história.

CONSIDERAÇÕES FINAIS

Quando Joe Biden assumiu a presidência, em janeiro de 2021, ele embarcou em uma missão para reverter uma série de políticas implementadas pelo ex-presidente Donald Trump, mas deixando, de certa forma, intocado o consenso da elite em torno dos grandes eixos da política externa dos EUA. Biden chegou a emitir 42 ordens executivas em seus primeiros cem dias – mais do que qualquer outro presidente desde Franklin D. Roosevelt – e empreendeu uma campanha metódica contra a agenda de Trump, mas com uma grande exceção: Afeganistão.

No dia 14 de abril de 2021, o Presidente Biden anunciou o início da retirada das forças militares norte-americanas do Afeganistão com previsão de se completar até 11 de setembro do mesmo ano, colocando um fim na guerra mais longa da história dos EUA. Algo que, como vimos no capítulo sétimo, já havia sido encaminhado por Trump. Biden argumentou que os EUA alcançaram o principal objetivo da guerra que era o de evitar que o Afeganistão não fosse usado como base a partir da qual os terroristas poderiam atacar novamente.

O presidente propôs ainda mudar o ambiente estratégico que sustentou essa guerra durante duas décadas: "ao invés de voltar à guerra com o Talibã, temos de nos concentrar nos desafios que estão diante de nós [...] enfrentar a dura concorrência de uma China cada vez mais assertiva [...] derrotar esta pandemia e fortalecer os sistemas de saúde globais para nos prepararmos para a próxima, pois haverá outra pandemia".[77]

Mais preocupado com marketing político, o presidente, por razões óbvias, quer fazer da retirada dos EUA um trunfo e se nega a fazer qualquer tipo de reflexão sombria sobre o custo trágico da arrogância norte-americana com mais de meio milhão de afegãos mortos, milhões de deslocados e altos níveis de insegurança alimentar grave.

Mas é impossível não fazer um balanço de mais uma guerra. Pela terceira vez na história os políticos norte-americanos declararam "guerra" aos comportamentos considerados criminosos. Após os EUA empreender uma "guerra ao crime" e "guerra às drogas", chegou a vez da "guerra ao terror". Aliás, dessa vez, a "guerra" deveria acontecer em escala global e serviu de justificativas para elaboração de novas leis e procedimentos de segurança no mundo inteiro.

Esses quase vinte anos de "guerra contra o terror", também passaram a ser reconhecidos como "guerras eternas" já que seu propósito era combater um fenômeno – o terrorismo –, desfrutando de notável apoio bipartidário no Congresso e da opinião pública norte-americana. Quatro presidentes de ambos os partidos não hesitaram em exercer seu poder de envolver militares e forças de segurança em pelo menos 85 países do mundo, e em nome da luta contra o "terrorismo" ou do "radicalismo islâmico". Tais intervenções incluíram ataques aéreos contra grupos armados em

---

[77] " Remarks by President Biden on the Way Forward in Afghanistan". *The White House:* speeches and remark. Disponível em: https://www. whitehouse.gov/briefing-room/speeches-remarks/2021/04/14/remarks-by-president-biden-on-the-way-forward-in-afghanistan/. Acesso em: 21.09.2021.

CONSIDERAÇÕES FINAIS

sete países, combate direto contra tais grupos em doze países, exercícios militares em 41 países, treinamento ou assistência a unidades militares, policiais ou de patrulhamento de fronteira em 79 países, tendo como apoio as centenas de bases militares norte-americanas espalhadas pelo mundo.

Explorando a fixação dos Estados Unidos no terrorismo e seu desejo de agregar aliados na luta, líderes autoritários em todo o mundo adotaram a retórica antiterrorista da administração do Presidente George W. Bush, usando-a como desculpa para reprimir opositores e dissidentes políticos com enorme expansão do aparato repressivo contrariando os princípios básicos dos direitos humanos. Vigilância permanente e invasiva, detenções arbitrárias, legalização da tortura, assassinatos extrajudiciais e ataques indiscriminados de drones foram alguns dos procedimentos que passaram a fazer parte de um padrão de atuação da maioria dos países no mundo independentemente do regime político.

Creio que um trecho do poema de T. S. Eliot, que serviu de abertura deste livro, nos ajude a compreender melhor do que se trata: "[n]ão vamos deixar de explorar e, ao término da nossa exploração deveremos chegar ao ponto de partida e conhecer esse lugar pela primeira vez". Pois bem, vamos voltar ao ponto de partida com um outro olhar agora.

Foram várias as justificativas que as lideranças políticas dos EUA evocaram para a promoção da "Guerra Global contra o Terror".

O motivo imediato da Guerra desmoronou-se depois que aquele que foi considerado o principal responsável pelos atentados no dia 11 de Setembro foi assassinado no Paquistão, em 2011. Após o "triunfo" de Obama, longe de amenizar as ações contra o terrorismo, elas foram, na verdade, incrementadas como vimos nos capítulos quarto e quinto. Além disso, é inevitável questionar: se Osama bin Laden vivia no Paquistão há anos, por que os EUA o procuram no Afeganistão? Por que os EUA, durante esses vinte anos, enviaram bilhões de dólares aos paquistaneses, anfitriões de grupos terroristas? Do primeiro ao último capítulo deste livro, as questões envolvendo o Paquistão estiveram presentes e tudo leva a crer que serão fundamentais no futuro do Afeganistão.

Um outro argumento evocado por Bush e mantido por seus sucessores foi a necessidade de derrotar as organizações terroristas que aparecem como equivalentes a radicalismo islâmico no mundo inteiro. É verdade que a Al-Qaeda, que foi a grande responsável por planejar os ataques de 11 de Setembro, não é mais uma grande força no país, embora não tenha sido totalmente eliminada. No entanto, de acordo com pesquisas realizadas por Centros de Estudos Estratégicos, o número de militantes islâmicos que consideram os EUA inimigos quase se quadruplicou entre 2001 e 2018. Parece que a promessa do presidente Bush de que a guerra não terminaria até que – "todos os grupos terroristas de alcance global tenham sido encontrados, parados e derrotados" – não foi cumprida.

De outro lado, apesar de haver diminuição significativa de ataques terroristas, nos últimos cinco anos, com queda de 15% (13.826 mortes) e de redução de 59% desde o auge em 2014 (33.438 mortes), o terrorismo continua sendo uma ameaça global. Além disso, as mortes por terrorismo ainda são mais de três vezes maiores do que em 2002, quando teve início a chamada guerra contra o terrorismo.

Um outro dado que chama atenção nesse "balanço" de vinte anos é que 75% de todos os "ataques terroristas" registrados no mundo se concentraram em dez países: Iraque, Afeganistão, Índia, Paquistão, Filipinas, Somália, Turquia, Nigéria, Iêmen

CONSIDERAÇÕES FINAIS

e Síria. Ou seja, apesar de se repetir exaustivamente nos meios governamentais dos EUA de que há um ataque aos "valores ocidentais" perpetrado pelo radicalismo islâmico, o fato é que as populações mais atingidas no mundo são as muçulmanas e, portanto, fica difícil sustentar que há um "choque de civilizações" como era o tom das narrativas do *mainstream* nos EUA e Europa Ocidental.

Apesar de o presidente Biden declarar, em junho de 2021, que os EUA não foram ao Afeganistão para a construção de uma nação e que é direito dos afegãos decidirem sozinhos seu futuro e como querem governar seu país, um dos pressupostos inseridos nesse grande empreendimento, como vimos no terceiro capítulo era que um governo democrático, aliado dos EUA, não só era possível, mas necessário para prevenir o futuro terrorismo antiamericano originário do Afeganistão.

Como sempre acontece em casos de intervenção militar, desde a Segunda Guerra Mundial, os formuladores de política externa sempre mencionam, retoricamente ou não, o pretensioso e arrogante papel de se reconstruir nações (*Nation Building*) de modo que seu modelo de Estado de sociedade pudesse ser transplantado. Um empreendimento beneficente no qual os EUA ensinariam a um país estrangeiro como funcionar melhor.

O tão alardeado processo de difusão da democracia dos ideais da sociedade norte-americana, também se insere nesse contexto mais amplo de *Nation building*, o que aliás se expressou, inclusive, no nome da operação militar lançada em outubro de 2001: "Operação Liberdade Duradoura". Isto levou a um esforço de construção de uma nação de vinte anos e que não conseguiu produzir nenhum sucesso duradouro, ao mesmo tempo em que impõe altos custos, materiais e humanos. Ora, os EUA chegaram a gastar mais com o Afeganistão do que com a reconstrução da

Europa após a Segunda Guerra Mundial, com o plano Marshall, mas pouco progresso foi feito.

Um editorialista do New York Times lembra que, em 1999, nenhuma menina afegã frequentou a escola secundária. Em quatro anos, 6% estavam matriculadas, e a partir de 2017 o número havia subido para quase 40%. Há outros avanços a serem mencionados, mas atualmente a vida dos afegãos comuns é mais insegura do que nunca. As baixas civis foram quase 30% maiores no ano passado do que em 2001, quando começou a ação dos EUA e aliados. A produção e o comércio das papoulas opiáceas crescem cada vez mais. Apesar da realização de eleições para presidente e para o parlamento, o governo "democrático e pró-ocidental" continua corrupto e mantém o poder dos senhores da guerra que exercem seu domínio nas comunidades de forma violenta, com práticas que são difíceis de se diferenciar do que fazem os Talibãs.

As estimativas de gastos do governo dos EUA em relação às guerras e demais ações militares após o 11 de Setembro estão em torno de US$ 6 trilhões no total, e de US$ 2 trilhões apenas no Afeganistão. Além do custo material, o custo humano foi drástico. Por volta de 800.000 pessoas foram mortas e 37 milhões passaram por deslocamento forçado.

No contexto de guerras, não importa quem ganha ou perde nos campos de batalha ou o número de pessoas inocentes que morrem e são chamadas de danos colaterais, o que conta para alguns são os lucros. Muitos investidores, nos Estados Unidos e em outros lugares do mundo, se tornaram mais ricos a partir dos US$ 6 trilhões que foram "investidos", um termo mais apropriado do que gastos, pois mostra que alguns têm interesse em guerras, ainda que sejam, aparentemente, irracionais para todos. Um relatório recente do Grupo de Estudos do

CONSIDERAÇÕES FINAIS

Afeganistão aconselhou Biden a não retirar as tropas norte-americanas. Não por coincidência, o presidente e o vice do grupo e a maioria de seus outros doze membros têm laços financeiros com empresas de segurança que lucram com a proliferação das guerras norte-americanas. O governo afegão, organizações de ajuda humanitária e outras entidades com presença contínua no Afeganistão dependem de empreiteiros para tudo, desde logística até segurança. O presidente Biden pode estar terminando oficialmente o envolvimento dos militares dos EUA, mas ainda não se sabe quantas dessas forças do setor privado seguirão o exemplo ou continuarão nas zonas cinzentas que compõem o cenário das guerras eternas dos Estados Unidos.

Os defensores da guerra ao terror estimularam, intencionalmente ou não, um patriotismo fanático que aparece sob forma de rejeição do estrangeiro, notadamente uma aversão contundente aos imigrantes e refugiados. Mas uma das maiores ironias da história é que a maior ameaça à segurança das instituições norte-americanas não vem de nenhum grupo terrorista islâmico, ou de qualquer grande poder, mas da extrema direita doméstica, cuja eleição de Donald Trump foi um produto e um acelerador desse movimento, mas não sua causa. O ambiente para a sua ascensão política foi preparado ao longo de uma década e meia de belicismo xenófobo e messiânico de Washington, com raízes que remontam a séculos de política supremacista branca. Os ataques ao Capitólio, em janeiro de 2021, foram o ápice desse movimento.

Em 2020, os norte-americanos testemunharam um aumento significativo da violência no país, 19.302 pessoas foram mortas em tiroteios e incidentes relacionados com armas de fogo em 2020 – o maior número de mortos em mais de vinte anos no país.

Além disso, é digno de nota lembrar que até o momento ninguém nos EUA jamais foi responsabilizado pelo uso dos enormes poderes que lhe foram concedidos em nome da segurança nacional. A prisão na Baía de Guantánamo permanece aberta, apesar de o presidente Obama ter anunciado seu fechamento no início de seu primeiro mandato em 2009.

A prisão foi concebida, em janeiro de 2002, como um lugar para as autoridades norte-americanas enviarem os suspeitos de terrorismo detidos no Afeganistão e Paquistão sob a denominação de "combatentes inimigos". De acordo com o Direito Internacional Humanitário há, em situações de conflitos armados, duas categorias de pessoas que devem ter seus direitos protegidos: os combatentes e os civis quando se tornam prisioneiros de guerra sob poder do inimigo. Mas, de acordo com o governo norte-americano, as pessoas detidas em Guantánamo não são nem combatentes nem civis, mas "combatentes ilegais". Como ninguém pode se situar nas normas das Convenções internacionais, não podem ser protegidas. O centro de detenção da Baía tornou-se um símbolo de tortura e de detenção indefinida sem acusação ou julgamento na pátria que se gaba de guiar pelos princípios da Justiça.

Ao longo desses vinte anos, 780 pessoas foram detidas e mantidas na prisão. Por falta de provas, cerca de 540 pessoas foram soltas ainda durante a administração Bush, outras 200 durante a administração Obama e uma durante a administração Trump, reduzindo o total de detentos para 39, atualmente. Esses números expressam, de certa forma, a injustiça cometida contra essas pessoas que passaram toda sorte de privações. Mesmo dentro de um regime de excepcionalidade não foi possível condenar a grande maioria dos detidos.

As quase duas décadas de presença militar norte-americana no Afeganistão foram justificadas com base no fato de

CONSIDERAÇÕES FINAIS

que a retirada das forças norte-americanas criaria um "porto seguro" para os terroristas elaborarem planos para um segundo 11 de Setembro. Os quatro presidentes dos EUA, com ênfases diferentes, repetiram o mantra de que um eventual "abandono" do Afeganistão traria consequências desastrosas para a segurança dos EUA. De um modo geral, todos os presidentes e seus secretários de Estado argumentavam que: "se o governo afegão cair nas mãos do Talibã – e permitir que a Al-Qaeda aja livremente – esse país será novamente uma base para terroristas que querem matar o maior número possível do nosso povo". As perguntas que o governo não quer responder são: o Talibã cumprirá seu compromisso sob o acordo de paz dos EUA de impedir um ataque terrorista internacional proveniente do Afeganistão? O Talibã continuará a fornecer à Al-Qaeda proteção em troca de recursos e treinamento?

Atualmente, o Talibã detém mais território do que em qualquer outro momento desde 2001. Com a saída das forças militares dos EUA e da OTAN e as conversações de paz no limbo em confusão, o equilíbrio militar de poder mudou drasticamente em favor do Talibã que conta integralmente com seus apoiadores internacionais (Paquistão, Irã e Rússia) que deverão preencher o vácuo deixado pelos norte-americanos. Com o domínio dos territórios no meio rural quase completo, com a saída das tropas dos EUA os Talibãs avançam sobre as capitais de províncias e começam a cercar cidades. Enquanto lutam contra o exército e a polícia afegã, o Talibã provavelmente se baseará em uma mistura de operações convencionais e táticas de guerrilha, como emboscadas, ataques e atentados suicidas. Enquanto os Estados Unidos e seus aliados completam sua retirada, o Afeganistão, há tanto tempo devastado por conflitos, poderia estar à beira de uma nova guerra civil.

REGINALDO NASSER

Na introdução deste livro lembramos as reflexões e indignações da historiadora Barbara Tuchman em relação aos desastres humanitários causados por decisões que só poderiam ser de mentes insanas. Como já deixei claro na introdução, entendemos que essas ações, infelizmente, têm "racionalidade" para alguns grupos e que, obviamente, sempre prejudica a maioria que são os mais vulneráveis.

Mas, a pergunta inevitável, por mais ingênua que possa parecer, é: será possível evitar travar esses tipos de guerras no futuro? Como é possível evitar gastos na ordem de trilhões de dólares arruinando a vida de milhares de pessoas? Será que na próxima vez que um presidente dos EUA ou outro país se dirigir à naçãopara dizer que é preciso ir à guerra, as pessoas vão se lembrar desses fatos narrados aqui?

Impossível ter uma resposta, mas creio que é nosso dever moral, em qualquer parte no mundo, pesar cuidadosamente as evidências e justificativas dadas para se atacar uma nação quaisquer que sejam os motivos alegados. Incrível como poucas pessoas tenham prestado atenção no fato óbvio de que nenhum dos 19 terroristas do dia 11 de Setembro era do Afeganistão. Igualmente espantoso que a maioria das pessoas não tenha percebido que os preparativos mais importantes para os atentados terroristas no 11 de setembro de 2001 não ocorreram em campos de treinamento no Afeganistão, mas em apartamentos na Alemanha, quartos de hotel na Espanha e escolas de voo nos EUA. Como então aceitar que a guerra fosse dirigida ao Afeganistão? Como foi possível que a principal justificativa doutrinária para combater terroristas fosse aceita como legítima?

Parece que o governo dos EUA não quer responder a essas perguntas incômodas. Questionado por um repórter a respeito de um balanço da guerra no Afeganistão, o presidente

CONSIDERAÇÕES FINAIS

Biden respondeu dizendo que foi uma resposta a algo horrível que aconteceu já faz muito tempo e pediu para falar do futuro. Parece que a nova palavra de ordem é esquecimento.

Nesse sentido, nada mais representativo desse estado de espírito do que a retirada das tropas do Afeganistão. Não espere que tenha alguma semelhança com aquelas imagens da embaixada norte-americana em Saigon, quando os EUA perderam oficialmente a Guerra do Vietnã. Talvez nenhum local simbolize melhor a ocupação do Afeganistão pelos EUA, do início ao fim, do que a Base Aérea de Bagram. Construída pela União Soviética e ocupada por suas tropas, na década de 1990, ela foi tomada pelos EUA, em 2002, reformado e ampliado à medida que a guerra se arrastou. Um comandante do exército afegão descreveu que os militares norte-americanos deixaram Bagram no meio da noite, como ladrões. Eles simplesmente desligaram a energia elétrica e deixaram para trás uma grande quantidade de equipamentos descartados. Saqueadores das aldeias vizinhas, percebendo que os norte-americanos tinham partido, fizeram o seu trabalho. Diferentemente do Vietnã, parece que não apenas o governo dos EUA quer esquecer essa guerra, mas também boa parte da sociedade que a apoiou.

Tomara que numa próxima vez as pessoas tenham mais atitudes como a da deputada do partido democrata norte-americano, Barbara Lee (D-CA), a única entre 518 congressistas nos EUA que se opôs à resolução que autorizou o início da Guerra Global contra o Terrorismo. Apesar de ter enfrentado ameaças de morte pelo seu voto, ela se manteve firme, advertindo, corretamente, as consequências trágicas que poderiam ter. Eis algo que devemos saudar nesses vinte anos.

REFERÊNCIAS BIBLIOGRÁFICAS

REFERÊNCIAS BIBLIOGRÁFICAS

ABBAS, Hassan. *The Taliban revival*: violence and extremism on the Pakistan-Afghanistan frontier. London: Yale University Press, 2014.

BENTLEY, Michelle; HOLLAND, Jack. *Obama's foreign policy ending the war on terror*. New York: Routledge, 2014.

BURKE, Jason. *Al Qaeda*: a verdadeira história do radicalismo islâmico. Rio de Janeiro: Zahar, 2007.

BURKE, Jason. *The 9/11 Wars*. London: Penguin Books, 2012.

DORANI, Sharifullah. *America in Afghanistan*: foreign policy and decision making from Bush to Obama to Trump. New York: I. B. Tauris, 2019.

GIUSTOZZI, Antonio. *The Taliban at War*: 2001-2018. New York: Oxford University Press, 2019.

JONES, Seth G. *In the graveyard of empires*: America's war in Afghanistan. New York: W.W. Norton & Company, 2009.

KEEGAN, John. *Uma História da Guerra*. São Paulo: Companhia das Letras, 2006.

MALKASIAN, Carter. *The American war in Afghanistan*: a history. New York: Oxford University Press, 2021.

RASHID, Ahmed. *Taliban*: militant Islam, oil and fundamentalism in Central Asia. London: Yale University Press, 2001.

RASHID, Ahmed. *Descent into chaos*: the U. S. and the disaster in Pakistan, Afghanistan and Central Asia. London: Penguin Books, 2009.

RICHARDSON, Louise. *What terrorists want*: understanding the enemy, containing the threat. New York: Random House, 2006.

RIEDEL, Bruce O. *The search for al Qaeda*: its leadership, ideology, and future. Washington: Brookings Institution Press, 2008.

RUBIN, Barnett R. *Afghanistan*: what everyone needs to know. New York: Oxford University Press, 2020.

TUCHMAN, Barbara. *A Marcha da insensatez*: de Tróia ao Vietnã. São Paulo: Best Seller, 2012.

TUCHMAN, Barbara. *Canhões de agosto*. Rio de Janeiro: Objetiva, 1994.

NOTAS

NOTAS

NOTAS

NOTAS

NOTAS

NOTAS